NORWEGEN

THOMAS A. MERK
MAX SCHMID

NORWEGEN

ELLERT & RICHTER
VERLAG

Inhalt

Vorwort

„Wir sind eben anders als ihr", sagt Arne, ein junger Meeresbiologe, der in der rappelvollen Altstadtkneipe in Tromsø noch eine Runde Bier für den ganzen Tisch bestellt, und fügt mit einem spöttischen Lächeln hinzu: „Ihr leistet euch dicke Autos, und wir machen für unser Geld eben gerne mal einen drauf."
Ein wenig übertrieben hat er schon: Selbst bei den uns Mitteleuropäern astronomisch hoch erscheinenden Alkoholpreisen im Land der Mitternachtssonne müssen auch spendable Norweger nicht auf ihren fahrbaren Untersatz verzichten. Dafür geht es den Nachfahren der Wikinger trotz rückläufiger Erlöse aus dem Geschäft mit dem Nordseeöl und einer andauernden Fischereikrise noch immer wirtschaftlich viel zu gut. Damit aber, daß die Norweger sich auch in anderer Hinsicht nicht nur von den Deutschen, sondern auch von allen anderen Europäern grundlegend unterscheiden, hat der trinkfeste Freund langer Nächte sicherlich recht.
Wer Norwegen als Tourist im Hochsommer bereist, erlebt seine Gastgeber als die aufgeschlossensten und freundlichsten Menschen, die man sich wünschen kann. Je nördlicher man kommt, desto ausgelassener ist die Stimmung in den hellen Nächten des kurzen arktischen Sommers, die zum Beispiel der Stadt Tromsø oberhalb des Polarkreises den Beinamen „City of Midnight Fun" eingebracht hat. Kaum eine Kneipe ohne Entertainer, kaum ein Tisch, an dem bekannte Hits nicht aus voller Kehle mitgesungen werden. Wozu schlafen, wenn die Sonne auch um Mitternacht scheint?
„Ihr müßt mal im Winter hierher kommen", antworten viele Norweger ihren Gästen, wenn sie nach dem Grund für diese bei uns nicht einmal auf dem Höhepunkt des Karnevals anzutreffende allgemeine Fröhlichkeit gefragt werden. „Da lernt ihr dann das andere Norwegen kennen." Wenn monatelang die Sonne höchstens für ein paar Stunden am Tag trübes Licht durch eine trist graue Wolkendecke schickt, verändern sich, von den einheimischen Medien jedes Jahr aufs neue beklagt, auch die Menschen in Europas nördlichstem Land. „Wenn einem einmal im Winter jemand die Tür aufhält", so beklagt sich eine Einwohnerin Oslos, „dann ist das eine echte Sensation."
In der dunklen Jahreszeit ist der im Sommer noch himmelhoch jauchzende Nordlandbewohner bisweilen eben zu Tode betrübt. Damit es aber nicht ganz so trist zugeht, haben die Norweger längst ihre Gegenstrategien entwickelt. Nirgendwo in Europa wird so viel und so eifrig gelesen wie im hohen Norden, und seit der Erfindung der Glühbirne erstrahlen im Winter viele norwegische Häuser und Wohnungen wie kleine Replikate amerikanischer Spielkasinos. Die Norweger können sich den damit verbundenen Stromverbrauch sogar ohne schlechtes Gewissen leisten, schließlich wird ihre Energie fast ausschließlich mit umweltfreundlicher Wasserkraft erzeugt. Und dann hat der lange, dunkle Winter oberhalb des Polarkreises auch noch eine Besonderheit zu bieten, die manchen wenigstens ein bißchen für das monatelange Fernbleiben der Sonne entschädigt: Das sagenumwobene Nordlicht, das in dieser Häufigkeit und Schönheit nur hier über den Himmel zuckt.
Neben diesem krassen Gegensatz der Jahreszeiten haben auch Landschaft und Natur des langgezogenen Landes an der Westküste Skandinaviens den Charakter der Norweger geprägt: Für unsere Vorstellungen haben die dort lebenden Menschen geradezu unglaublich viel Platz – auf über 320 000 Quadratkilometern verlieren sich gerade mal etwas mehr als vier Millionen Einwohner, von denen sich zudem ein gutes Viertel rund um den Oslofjord konzentriert. In der Einsamkeit abgeschiedener Fjorde oder der fast vegetationslosen arktischen Einöde war Zusammenhalten oberstes Gebot, und diese gegenseitige Hilfe steht bei den Norwegern noch heute hoch im Kurs – nicht umsonst hat das Land eines der am dichtesten geknüpften sozialen Netze der Welt.
Andererseits ist die geringe Bevölkerungsdichte auch für den starken Individualismus verantwortlich, der viele Norweger prägt. Kilometerweit vom nächsten Nachbarn entfernt lebt man viel eher in seiner eigenen Welt als in einer überbevölkerten Großstadt. Das merkt man ganz besonders in dem von unzähligen, sich fast bis ins Unendliche verästelnden Wasserarmen durchschnittenen Fjordland an der Westküste Norwegens.
Auch wenn die Verbindung mit dem Meer bei den Menschen hier schon in der Wikingerzeit für eine ganz eigene Weltoffenheit gesorgt hat, waren viele der Orte bis vor wenigen Jahrzehnten durch hohe Berge vom Binnenland abgeschnitten und funktionierten wie autarke, sich selbst genügende Mikrokosmen. Wer hier einmal längere Zeit verbracht hat, wundert sich nicht mehr, daß die Norweger in der Volksabstimmung Ende 1994 zum zweiten Mal „nein" zu einem Anschluß ihres Landes an die Europäische Union gesagt haben. Stark zu sein und für sich selbst sorgen zu können, ist noch heute in vielen Gegenden Norwegens oberstes Gebot – ganz abgesehen davon, daß die Fischer an der Westküste und die von der Natur nun einmal nicht gerade

bevorzugten Bauern in den Regionen oberhalb des Polarkreises von Europa nun wahrlich nichts Gutes zu erwarten hätten.
Noch kann Norwegen es sich leisten, den Europa-Politikern in Brüssel die kalte Schulter zu zeigen: Seit Ende der sechziger Jahre in der Nordsee ausgedehnte Öl- und Erdgasvorkommen entdeckt wurden, erlebte das Land einen beispiellosen wirtschaftlichen Aufschwung und steht auch in einer Zeit sinkender Weltmarktpreise für Rohöl ökonomisch noch immer auf gesunden Füßen. In letzter Zeit wird für Norwegen neben dem Öl, der Aluminium- und der Fischindustrie ein weiterer Wirtschaftszweig immer wichtiger: Jahr für Jahr verbucht der Fremdenverkehr stolze Zuwachsraten.
Besonders die Deutschen zieht es zu Fjord und Fjell, zu fischreichen Gewässern und abenteuerlich schroffen Bergen. Vom Hardangerfjord mit seinen unzähligen blühenden Obstbäumen bis zur vegetationsarmen Tundra der Finnmark findet sich die vom Menschen noch weitgehend unberührte Natur, die bei uns selbst in ländlichen Gegenden bereits zur Mangelware geworden ist.
Hier kann man noch stundenlang durch eine atemberaubend schöne Bergwelt wandern, ohne einem einzigen Menschen zu begegnen, hier laden eine Viertelmillion Seen und Flüsse und eine Küstenlinie, die es mitsamt Fjorden und Buchten auf beeindruckende 21 000 Kilometer Länge bringt, zum geruhsamen Angeln fern jeder Hektik ein. Immer beliebter werden Hüttenferien: Die landschaftlich oft wunderschön gelegenen Zweitbehausungen der Norweger werden in zunehmendem Maße auch an ausländische Gäste vermietet.
Kommt man nach Wochen in der nahezu unberührten Natur dann wieder in eine Stadt, fühlt man sich unter den vielen Menschen ein wenig fremd und doch zugleich aufgehoben. Und man versteht besser, warum Leute wie Arne auf einmal wildfremde Menschen zu einem Bier einladen. Es tut gut, mal wieder neue Gesichter zu sehen. Und außerdem ist das Leben kurz, und die Mitternachtssonne scheint nicht ewig...

Norwegens Berge haben oft bizarre, dramatische Formen. Der Stetinden in der Provinz Nordland, der hier in den Himmel einer hellen Sommernacht ragt, ist dafür ein gutes Beispiel.

Nordlandfrühling auf den Lofoten – während oben in den Bergen noch der Schnee liegt, grünt und blüht es in den Tälern und an der Küste.

Hestmannen heißt der markante Berg im Hintergrund. Weite Blicke wie diesen hat man von der Reichsstraße 17 aus, die an der Küste der Provinz Nordland verläuft und mit ihren vielen Fährstrecken eine reizvolle Alternative zur vielbefahrenen Europastraße 6 im Landesinneren bietet.

Felsufer am Nisser-See. Das langgezogene, fjordartige Gewässer ist eines der größten in der Telemark.

Wie die Flosse eines abtauchenden Pottwals wirkt die Silhouette des Kvannesteins auf der Insel Vagsøy am Eingang des Nordfjords. Im Laufe vieler Jahrtausende hat das immer wieder anbrandende Wasser dieses Natur-Kunstwerk geschaffen.

Gar nicht so selten sind bei Wanderungen in den norwegischen Fjells Begegnungen wie diese: Wilde Rentiere tummeln sich auf der herbstlichen Tundra über dem Kvænangenfjord in der Nordprovinz Troms.

Wasser aus der Hardangervidda, Norwegens größter Hochebene, stürzt hier fast senkrecht über den Vöringsfossen ins Måbødalen im innersten Teil des Hardangerfjordes.

Nicht nur die vielen Fjorde machen Norwegen zu einem Land des Wassers: Wo man hinblickt, plätschern Rinnsale, Bäche oder Wasserfälle von den Bergen zu Tal, wie hier am Sognefjell.

Prekestolen heißt dieser wohl bekannteste Felsen Norwegens am Lysefjord. Wer ihn so allein für sich haben will wie die beiden auf diesem Photo, muß früh aufstehen: In den Sommermonaten ist es tagsüber manchmal schwierig, hier ein freies Plätzchen zu finden.

Trotz der mächtigen Geweihe scheu und harmlos: In den norwegischen Nationalparks gibt es noch viele wilde Rentierherden.

Nur Moose, Flechten und Krüppelbäume wachsen in den Bergregionen nördlich des Polarkreises in Landschaften, die gerade durch ihre Kargheit faszinieren.

Von Lillehammer auf das „Dach Skandinaviens"

Nationalparks und olympische Ringe

Lillehammer – die sympathische Olympiastadt

„Ist ja total irre", sagt der junge Mann aus Oslo begeistert und klopft mit der flachen Hand liebevoll an die Wand des Steuerhauses vor dem schwarz-weiß gestrichenen Schornstein. „Mit diesem Schiff ist schon mein Großvater gefahren."

„Und vielleicht sogar dein Urgroßvater", ergänzt der Mann mit der Videokamera neben ihm an der Reling. Er hat damit nicht einmal unrecht. Schließlich ist der *Skibladner,* der sich mit der behäbigen Geschwindigkeit von 13 Knoten in der Stunde über den circa 150 Kilometer nördlich von Oslo gelegenen Mjøsa-See schaufelt, der älteste Raddampfer der Welt, der noch im regulären Linienverkehr unterwegs ist. Montags, mittwochs und freitags geht die Fahrt von der am Westufer gelegenen Stadt Gjøvik nach Eidsvoll am Südende, dienstags, donnerstags und samstags nach Lillehammer an der Nordspitze des Sees.

Anno 1856 in Dienst gestellt, war das 50 Meter lange Schiff bis zum Bau der Ufer-Eisenbahn in den achtziger Jahren des vorigen Jahrhunderts zusammen mit etwa 40 weiteren Dampfern das mit Abstand wichtigste Verkehrsmittel Ostnorwegens. Nicht nur Post und Passagiere wurden damals, als Pferdefuhrwerke auf den noch unbefestigten Straßen gelegentlich bis zu den Achsen im Morast versanken, per Schiff befördert, sondern auch alle möglichen Güter des täglichen Bedarfs. Der gut 100 Kilometer lange Mjøsa-See bot sich als natürliche Wasserstraße geradezu an und verband, zusammen mit der 1854 eröffneten ersten norwegischen Eisenbahnstrecke zwischen Oslo und Eidsvoll, die Hauptstadt optimal mit dem fruchtbaren Gudbrandsdal im Norden. Hinzu kam, daß der See mitten in einer der Kornkammern Norwegens liegt, in der schon in der Steinzeit vor 5 000 Jahren erster Ackerbau betrieben wurde und deren landwirtschaftliche Produkte Mitte des vorigen Jahrhunderts im stark gewachsenen Oslo (damals hieß es noch Kristiania) sehr gefragt waren.

Für schnöde Frachtfahrten mit Korn und Kartoffeln war sich der schlanke *Skibladner* allerdings schon immer zu fein. Schließlich war er zur Zeit seiner Indienststellung und noch lange danach das schnellste und luxuriöseste Schiff auf dem ganzen See. Wie luxuriös, davon können sich auch die heutigen Fahrgäste, die sich im Speisesaal Erster Klasse des erst kürzlich grundlegend restaurierten Schiffes das Bordmenü mit Lachs und Erdbeeren schmecken lassen, noch ein Bild machen. Während weiter vorn fast vibrationslos die 606 PS leistende Dampfmaschine aus dem Jahr 1880 werkelt, macht man es sich zwischen Plüsch und poliertem Messing im *Herresalongen, Damesalongen* oder im *Røkesalongen,* dem Rauchsalon, bequem. Vielleicht studiert man dabei amüsiert im Prospekt der Oppländischen Dampfschiffsgesellschaft den Hinweis, daß an Bord geschriebene Postkarten vom Kapitän persönlich abgestempelt werden und daß man für 150 norwegische Kronen zu besonderen Anlässen aus einer der vier kleinen, messingnen Signalkanonen des *Skibladner* einen Salutschuß abfeuern lassen kann. Oder man geht hinauf an Deck und läßt das üppige Panorama der Provinz Oppland an sich vorbeiziehen: hellgrüne Wiesen, dunkelgrüne Wälder und gelb wogende, für die eher karge Landschaft Norwegens nicht gerade typische Kornfelder.

Nach einer Fahrt von zweieinhalb Stunden – die meisten Fahrgäste stehen schon auf dem Vordeck und ziehen die Riemen ihrer Rucksäcke stramm oder verstauen noch rasch etwas auf den Gepäckträgern ihrer mitgenommenen Fahrräder – betätigt der Kapitän dann schließlich den altertümlichen Maschinentelegraphen, und die mächtigen, über vier Meter hohen Schaufelräder in den verzierten Kästen zu beiden Seiten des Schiffes peitschen im Rückwärtsgang das stille Wasser des Sees zu quirligem Schaum. Majestätisch gleitet der *Skibladner,* der seinem Beinamen „Der weiße Schwan vom Mjøsa-See" jetzt alle Ehre macht, auf den Anlegesteg von Lillehammer zu.

Ein Blick auf die 23 000-Einwohner-Stadt vom Deck des Schiffes aus läßt nicht viel mehr als ein paar Häuser vor grünen Berghängen und einen großen Verbrauchermarkt direkt am Seeufer erkennen, und die Gesichter so mancher Passagiere offenbaren milde Enttäuschung. Die meisten haben von Lillehammer wohl noch ganz andere Bilder im Kopf.

Kein Wunder, denn schließlich war hier alles tief verschneit, als im Februar 1994 die Pisten, Arenen, Hallen und Schanzen der XVII. Olympischen Winterspiele über die Fernsehschirme der Welt flimmerten. „Ein modernes Wintermärchen nicht ohne Hüttenromantik" nannte ein bekannter deutscher Sportmoderator im nachhinein die Stimmung dieser zwei Wochen, und so oder ähnlich werden viele Menschen – ob sie persönlich oder via Medien dabei waren – diese Spiele wohl auch noch lange im Gedächtnis behalten: Von der Eröffnungsfeier, bei der 2 000 Mitwirkende im Olympiapark von Lillehammer eine farbenfrohe Revue norwegischer Trachten, norwegischen Brauchtums und norwegischer Volksmärchen darboten, bis hin zu den oft 100 000 Zuschauern, die trotz schneidender Kälte auf Langlaufskiern zu den

Im Jahr 1909 wurde dieses selbstbewußte Bauernpaar aufgenommen. Heute finden sich Häuser wie das im Hintergrund noch am ehesten in Freilichtmuseen wie auf dem Maihaugen in Lillehammer.

Loipen und Schanzen rutschten, mit geradezu südländisch anmutender Begeisterung norwegische Fähnchen schwenkten und alle Athleten, gleich welcher Herkunft, zu Höchstleistungen anspornten. Die Spiele von Lillehammer, darüber herrschte bei Journalisten und Publikum eine Einigkeit wie schon lange nicht mehr, waren nach der gigantischen „Materialschlacht" vier Jahre zuvor in Albertville geradezu ein Musterbeispiel für maßvolle Bescheidenheit. Obwohl die ursprünglich auf umgerechnet 340 Millionen Mark veranschlagten Kosten für Olympia schließlich doch auf 1,75 Milliarden anwuchsen, wurde hier nicht im großen Stil abgeholzt und zubetoniert, plattgewalzt und kaputtinvestiert. Im Gegenteil, ein nicht unerheblicher Teil der Mehrkosten dürfte darauf zurückzuführen sein, daß zum ersten Mal in der Geschichte der Olympischen Spiele der Umweltschutz bei den Planungen entscheidend berücksichtigt wurde: In Hamar, am Ostufer des Mjøsa-Sees, wurde zum Beispiel der ursprünglich geplante Standort der großen Eissporthalle, die wegen ihrer außergewöhnlichen Form auch „das umgedrehte Wikingerschiff" genannt wird, extra wegen eines Vogelschutzgebietes verlegt. Nicht nur die Straßen in der Umgebung wurden gründlich ausgebaut, sondern auch die Bahnstrecke entlang des Mjøsa-Sees wurde samt Bahnhöfen „runderneuert", außerdem bekam die ganze Region für umgerechnet 65 Millionen Mark ein modernes Kanalisationsnetz spendiert. Zur Zeit der Wettkämpfe waren 3 000 Soldaten der norwegischen Armee allein damit beschäftigt, den Müll von Olympioniken und Zuschauern zu trennen. Die Journalisten bekamen ihre Snacks auf Tellern aus kompostierbarem Kartoffelmehl zusammen mit Besteck aus gestärktem Mais serviert, und selbst für

Schlafzimmer eines Großbauern aus der Telemark – die Besitzer stattlicher Gehöfte waren mächtige Leute, die schon immer vergleichsweise luxuriös leben konnten.

die Siegestreppchen zur Medaillenverleihung, die sonst aus Holz oder Kunststoff gefertigt werden, hatten sich die findigen Norweger etwas ebenso Pfiffiges wie Umweltschonendes einfallen lassen: In Lillehammer hatte man diese bei den Sportlern heißbegehrten „Standorte“ zum Teil aus Schnee und Eis gebaut, was im Frühling ihre nahezu rückstandsfreie Entsorgung garantierte.
Bei soviel Engagement für Umwelt- und Naturschutz verwundert es nicht, daß sich auch das nacholympische Lillehammer durchaus sehen lassen kann. Es ist zwar nicht mehr die verschlafene Provinzstadt früherer Tage, aber größenwahnsinnig ist man hier auch nicht geworden. Weil es sich für internationale Hotelketten nicht rechnete, wegen zwei Olympia-Wochen teure Luxusburgen hochzuziehen, wurden viele Gäste in Privatquartieren untergebracht, und der Stadt blieb ihre charakteristische, aus ein- und zweistöckigen Holzhäusern bestehende Bebauung weitgehend erhalten. Die Neubauten, die dennoch hinzugekommen sind, fügen sich im großen und ganzen recht gut in das Stadtbild ein und setzen stellenweise interessante architektonische Akzente. Als Beispiel dafür mag der neue Erweiterungsbau der Gemäldesammlung Lillehammer am Stortorg (dem großen Markt) dienen, dessen Fassade aus hellem Holz einen reizvollen Blickfang darstellt. Dahinter verbirgt sich übrigens die drittgrößte Kunstgalerie des Landes, deren besonderer Schwerpunkt die moderne norwegische Malerei ist.

Freilichtmuseum Maihaugen

Die ersten Olympischen Spiele der Neuzeit sollten noch elf Jahre auf sich warten lassen, als 1885 ein 23jähriger Zahnarzt, der gerade sein Studium beendet hatte, nach Lillehammer kam.
Für einen unserer heutigen, von allzu großem Konkurrenzdruck geplagten Großstadtzahnärzte wäre die Praxis, die sein Kollege Anders Sandvig übernahm, ein Traum gewesen: Über 10 000 Quadratkilometer groß war das Einzugsgebiet, das er ganz allein zu betreuen hatte. Dabei war Sandvig, der an Tuberkulose litt, eigentlich nach Lillehammer gekommen, „um dort zu sterben“, wie er selbst einmal sagte. Doch seine angegriffene Gesundheit besserte sich in der klaren Bergluft der Provinz Oppland recht schnell und außerdem so nachhaltig, daß Sandvig erst 1950 im biblischen Alter von 98 Jahren verschied – und das war nicht nur für seine neue Heimatstadt, sondern auch für ganz Norwegen ein Glücksfall.
Weil Ende des 19. Jahrhunderts die Patienten in entlegeneren Gebieten noch ganz selbstverständlich erwarteten, daß der Zahnarzt zu ihnen ins Haus kam,

war Sandvig praktisch ständig mit Instrumententasche und transportablem Bohrapparat unterwegs. Von Lillehammer aus versorgte er die reichen Bauern im fast 200 Kilometer langen Gudbrandsdal ebenso wie die Häusler und Viehhirten in den entlegeneren Bergregionen im Rondane und im Dovrefjell mit Plomben und selbstgefertigten Gebissen – schließlich war der rührige Dentist ein Pionier der Zahnprothetik, der mit seinen Erfindungen auf internationalen Ausstellungen so manchen Ehrenpreis einheimste.
Nicht alle seine Patienten freilich konnten für Sandvigs Dienste in bar bezahlen, und so kam es, daß der Pferdewagen des Zahnarztes am Ende einer Behandlungsreise manchmal aussah wie der eines fahrenden Altwarenhändlers. Schon bald entwickelte der traditionsbewußte Sandvig ein Faible für alle Gegenstände jener bäuerlichen Kultur, die sich im Gudbrandsdal über Jahrhunderte entwickelt hatte und nun im Umbruch zum Industriezeitalter auf Nimmerwiedersehen zu verschwinden drohte.
Nach einiger Zeit sprengte dieser dental-kulturelle Tauschhandel seine ursprüngliche Dimension – aus der fein geschnitzten, hölzernen „Apostelkanne" aus dem 18. Jahrhundert, mit der alles begonnen hatte, wurden bald ganze Häuser, die Sandvig sorgfältig zerlegt nach Lillehammer transportieren ließ. In Norwegen waren (und sind heute immer noch) viele Häuser reine Blockkonstruktionen aus Holz – und das nicht ohne Grund: Ein Bauer konnte, wenn er einmal von einer Naturkatastrophe wie einem Erdrutsch bedroht wurde, sein Haus auf diese Weise relativ einfach auseinandernehmen und an einer günstigeren Stelle wieder aufbauen.
Sandvig errichtete die eingetauschten und später auch käuflich erworbenen Häuser zunächst in seinem Garten, und als dort der Platz zu knapp wurde, bat er die Stadt Lillehammer um Hilfe. Sollten die Häuser des Gudbrandsdals, so fragte Sandvig seine Mitbürger, denn im Nordischen Museum in Stockholm verschwinden, dessen Aufkäufer im Auftrag des schwedischen Königs (der bis zum Jahr 1905, als Norwegen noch unter der politischen Oberherrschaft des Nachbarlandes stand, auch der norwegische König war) bereits überall in der Provinz Oppland auf der Jagd nach alter norwegischer Volkskunst war? Das wollten die Bürger von Lillehammer nun wahrlich nicht, zudem Sandvig schon damals ein geradezu revolutionäres Museumskonzept vorschwebte: „Nicht allein eine zufällige Sammlung einzelner Wohnhäuser will ich vor Vernichtung und Vergessenheit retten", schrieb er damals über seine Sammlertätigkeit, „nein, die bewohnte Gegend als Gesamtheit will ich in das große Bilderbuch hineinnehmen, nicht nur den Großhof . . . , sondern auch das Heim des Kleinbauern, die Hütte des bäuerlichen Künstlers weit droben am Schattenhang und die Almwirtschaft weit droben im Wald."
Im Jahr 1904 – ein Jahr, bevor sich Norwegen von Schweden löste und endgültig wieder ein souveräner Staat wurde – konnte Sandvig sich schließlich seinen langgehegten Traum erfüllen. Unter tätiger Mithilfe des „Verschönerungsvereins" von Lillehammer zog er mit den ersten Häusern seiner Sammlung nach Maihaugen um. Hier, auf der „Maihöhe", versammelten sich jeweils am 17. Mai die patriotisch gesinnten Bürger Lillehammers und gedachten der Ausrufung der liberalen Verfassung von 1814.
Heute, fast ein Jahrhundert später, sind daraus die „Sandvigske Samlinger på Maihaugen", die Sandvigschen Sammlungen, geworden. Sie umfassen mittlerweile 126 historische Gebäude und über 30 000 Ausstellungsstücke und sind damit das größte Freilichtmuseum Norwegens.
Vom niedrigen, geduckten Herdfeuerhaus aus dem Mittelalter, bei dem der Rauch einer offenen Feuerstelle in der Mitte des einzigen Raumes durch ein Loch im Grasdach abzog, bis hin zu einer 1987 eröffneten Stadtabteilung, in der man durch einige Straßen Alt-Lillehammers gehen kann, bietet sich dem Besucher ein faszinierender Querschnitt durch die fast tausendjährige Baugeschichte Ostnorwegens. Neben zwei großen Gehöften – dem Bjørnstadhof mit seinen 27 und dem Øygardenhof mit 19 Einzelhäusern – ist das wohl wertvollste Stück des ganzen Museums die alte Stabkirche von Garmo. Das Gebäude aus dem 12. Jahrhundert konnte Sandvig 1921 käuflich erwerben, nachdem es bereits 26 Jahre lang als abgetragener Holzstapel herumgelegen hatte. Wenn man die über einem künstlichen See sehr hübsch gelegene Kirche heute betritt und den für Stabkirchen typischen Teergeruch einatmet, kann man sich kaum vorstellen, daß dieses altehrwürdige Bauwerk jemals woanders gestanden haben könnte als hier auf dem Maihaugen.
Aber nicht nur, wer die Ruhe im verräuchert-dunklen Inneren dieses typisch norwegischen Gotteshauses schätzt, kommt in den Sandvigschen Sammlungen voll auf seine Kosten. Kaum ein Museum in Europa ist lebendiger als dieses, wo Busladungen von Besuchern im Sommer tagtäglich in eine bunt bewegte Vergangenheit versetzt werden. Hier weiden Kühe, suhlen sich Schweine im Koben, gackern die Hühner, schwimmen Enten und Gänse auf dem Teich. Da wird geerntet, gebuttert, gesponnen und gewebt, ein Hufschmied beschlägt ab und an einmal ein Pferd, und zu bestimmten Terminen erklärt ein gestrenger „Herr Lehrer" im alten Schulhaus den staunenden Kids von heute die Erziehungsmethoden des vorigen Jahrhunderts – auf daß diese nach dem Wochenende gleich wieder viel lieber in ihre modernen Schulen gehen.

Eine Alm im Freilichtmuseum Maihaugen bei Lillehammer.

Das Gudbrandsdal, Jotunheimen und Rondane

Mit den Bildern und Informationen aus den Sandvigschen Sammlungen im Kopf ist eine Fahrt von Lillehammer nach Norden gleich doppelt so interessant. Nun weiß man, daß die fensterlosen, alten Holzbauten mit blühenden Grasdächern, die auf knubbeligen Beinen längs der Straße durch das Gudbrandsdal stehen, *Stabbur* heißen und früher einmal als Vorratshäuser genutzt wurden. In sicherem Abstand vom Wohnhaus lagerten hier die Notvorräte der Familie – eine durchaus sinnvolle Vorsichtsmaßnahme in einem Land, in dem fast alle Häuser reine Holzbauten waren. So hatte man, wenn das Haupthaus ein Raub der Flammen wurde, wenigstens immer noch etwas zu essen.

Ein bißchen erinnert das landwirtschaftlich intensiv genutzte Gudbrandsdal mit seinen sanft ansteigenden Hängen an ähnlich weite Täler in den Alpen. Allerdings mit dem Unterschied, daß man hier statt grüner Viehweiden auch mal wogende Roggen- und Weizenfelder und so manchen weißblühenden Kartoffelacker entdeckt. Schon früh wurde Norwegens längstes Tal, in dem die letzte Eiszeit fruchtbare Ablagerungen hinterlassen hat, besiedelt und urbar gemacht. Noch heute sieht man überall die zum Teil seit Jahrhunderten bestehenden Bauernhöfe – die stattlicheren an den sonnigen Hanglagen, die kleineren an klimatisch weniger günstigen Schattenstellen weiter unten im Tal. Hier wurde früher der bekannte Gudbrandsdalkäse hergestellt, der sich – in großen Blöcken abgepackt und fast ausschließlich aus der staatlichen Großmolkerei stammend – auch heute noch im Kühlregal jedes norwegischen Supermarkts findet. Der hellbraune, leicht süßlich schmeckende *Gudbrandsdalost,* den man am besten mit einem – übrigens in Lillehammer erfundenen und noch heute hergestellten – Käsehobel in hauchdünne Scheiben schneidet und auf knusprigem *Flatbrod* zu sich nimmt, ist für mitteleuropäische Gaumen sicher gewöhnungsbedürftig, sollte aber während einer Norwegenreise unbedingt einmal probiert werden, ebenso wie der etwas kräftiger schmeckende *Geitost,* ein Ziegenkäse, den man ab und zu auch noch aus kleineren Privatmolkereien bekommt.

Fruchtbar ist das Gudbrandsdal übrigens auch im literarischen Sinne: Gleich drei Nobelpreisträger – Bjørnstjerne Bjørnson, Sigrid Undset und Knut Hamsun – haben über diesen Landstrich, der wie kein zweiter das bäuerliche Element im norwegischen Nationalcharakter symbolisiert, in ihren Romanen geschrieben, und auch der Theaterautor Henrik Ibsen hat das Tal und die umliegenden Berge mit seinem dramatischen Gedicht „Peer Gynt" weltberühmt

Reich verziert mit Holzschnitzereien ist dieser Stabbur (Vorratshaus), in dem früher die wichtigsten Vorräte der Familie lagerten.

Bauern bei der Arbeit an den fruchtbaren Hängen des Gudbrandsdals, das schon früh als die Kornkammer Norwegens galt.

gemacht. Das Vorbild für den Aufschneider, Taugenichts und weitgereisten Weltmann, der auch den Komponisten Edvard Grieg zu einer ebenfalls weit über Norwegens Grenzen bekanntgewordenen Tondichtung inspiriert hat, soll ein Mann aus dem Gudbrandsdal gewesen sein. Auch wenn nicht sicher ist, ob es nun ein gewisser, 1655 verstorbener Peder Laurisen vom *Peer Gyntgård,* dem Peer-Gynt-Hof bei Vinstra im Gudbrandsdal, gewesen ist oder der Holzfäller Peder Olson Hage, der 1785 im Alter von 53 Jahren auf dem Friedhof von Sødorp, nicht weit von Vinstra, seine letzte Ruhe gefunden hat: Peer Gynt ist heute im Gudbrandsdal lebendig wie nie zuvor.
Sein Name schmückt Cafés, Gasthöfe und Hotels und muß nicht nur für das Ende Juli/Anfang August in Vinstra ausgerichtete Peer-Gynt-Festival mit Ausstellungen, Vorträgen, Volkstanzveranstaltungen und Konzerten herhalten, sondern auch für den „Peer Gynt des Jahres", einen Preis, der alljährlich an kulturell besonders hervorgetretene Personen und Institutionen verliehen wird – in jüngerer Zeit unter anderem an die Schauspielerin Liv Ullmann.
Ob man am Kaffeetisch oder an der Hotelbar der Welt des Peer Gynt nun wirklich näher kommt, sei dahingestellt. Lohnender ist es da schon, nördlich von Lillehammer von der vielbefahrenen Europastraße 6 auf den *Peer-Gynt-Veien,* die Peer-Gynt-Straße, abzubiegen. Schon nach wenigen Kilometern auf dieser schmalen, geschotterten Mautstraße befindet man sich mitten zwischen den Almen, auf denen der Ibsensche Taugenichts die schönen Sennerinnen vor den Trollen errettet hat. Die Sennerinnen sucht man hier mittlerweile vergebens, sie sind längst den Bergwanderern, Skifahrern und Familien gewichen, die hier oben in der Einsamkeit über dem Gudbrandsdal ihre Hüttenferien verbringen.
Vor Trollen allerdings ist ein Norwegenbesucher heute nirgends mehr sicher. Suchten die tolpatschigen Fabelwesen früher nur des Nachts die Behausungen der Gebirgler heim, so gibt es sie heute als Schlüsselanhänger und Nippesfiguren, als Blumenvasen und Gartenzwerge, als Autoaufkleber und Spazierstockknauf. Von Oslo bis zum Nordkap laden sie als sprechende Plastikfiguren Kinder zum Kauf von Spielzeug ein, grinsen von Softeismaschinen und recken in Souvenirläden und Tankstellen Touristen ihre warzenübersäten Knollnasen aus Plastik oder Keramik entgegen. Bei dieser umfassenden Vermarktung ist den früher einmal als recht gefährlich geltenden Unholden leider ihre rabiate Natur so gründlich aberzogen worden, daß selbst der mit 14 Metern Höhe (im Sitzen, wie der Werbeprospekt stolz verkündet) größte dieser Kommerztrolle kaum mehr etwas Furchterregendes an sich hat. Mit gütigem Grinsen

hockt er im Hunderfossen Familienpark ganz in der Nähe der Olympischen Bob- und Rodelbahn und wacht über eine Mischung aus Märchengrotte, Rummelplatz und Multimedia-Spektakel, die einem bisweilen wie die norwegische Version von Disneyland anmutet.
Früher, in der Überlieferung der skandinavischen Völker, waren Trolle riesenhafte, böse Wesen, die den Menschen das Leben gehörig schwermachen konnten. Man braucht nur die alten norwegischen Volksmärchen zu lesen, und schon erscheinen sie vor einem, die uralten Trolle, die trotz ihrer zwei, drei oder manchmal sogar bis zu neun Köpfe nicht allzu helle waren – ein glücklicher Umstand, der es den Menschen immer wieder erlaubte, die tumben Kraftmeier mit List und Tücke übers Ohr zu hauen. Zartbesaitete Gemüter sollten diese Geschichten vielleicht nicht unbedingt nachts in einer einsamen Hütte irgendwo in der Nähe des *Peer-Gynt-Veien* lesen. Im violett-dämmrigen Licht der kurzen Sommernächte meinten hier schon ansonsten recht nüchterne Naturen, Felsen sich bewegen und windzerzauste Bäume wandern zu sehen. Wenn man dann noch weiß, daß die schwarzen, gezackten Berggipfel im Westen, hinter denen es auch Stunden nach Sonnenuntergang noch geheimnisvoll dunkelrot leuchtet, *Jotunheimen,* das Heim der Riesen, heißen, dann meint man, die Trolle direkt über die Almen trapsen zu hören.
Am nächsten Tag, wenn auch der letzte Troll in der Sonne zerplatzt oder versteinert ist, sehen diese Gipfel nicht mehr ganz so bedrohlich aus, dafür aber um so imposanter. Die meisten von ihnen – viele über 2 000 Meter hoch - recken auch im Sommer noch üppige Hauben aus Schnee in den tiefblauen Himmel. Seit 1980 steht diese einmalige Bergregion als Nationalpark unter Schutz – sehr zum Unmut einiger Tourismus-Manager, die gerne eine Seilbahn auf den Galdhøpiggen gebaut hätten. So muß man sich heute wie eh und je zu Fuß aufmachen, wenn man auf den höchsten Gipfel Skandinaviens gelangen will. Obwohl man anderswo im Jotunheimen tagelang mit Rucksack und Zelt unterwegs sein kann, ohne auch nur einem einzigen Menschen zu begegnen, herrscht auf dem Galdhøpiggen an manchen Sommerwochenenden regelrechter „Hochbetrieb". Dennoch lohnt sich der relativ unproblematische, aber langwierige Anstieg über 1 400 Höhenmeter und langgestreckte, in der Sonne glitzernde Schneefelder schon allein wegen der Aussicht auf das „Dach Skandinaviens": Hunderte von Gipfeln, bizarr geformte Gletscher und kühl glänzende, smaragdgrüne Seen bieten sich hier dem Auge dar. In einen von ihnen, den langgestreckten Gjende-See, soll Peer Gynt gestürzt sein, als er auf einem Rentier Hals über Kopf den schmalen Besseggengrat hinuntergaloppierte. Heute würde man ihm dieses kühle Bad nicht mehr so ganz bedenkenlos empfehlen, denn die meisten dieser Bergseen sind längst biologisch tot. Schuld daran ist der Regen, den der Südwestwind in Wolken aus den Industriegebieten Englands, Hollands und Deutschlands herantreibt, und dessen für Fische und Wasserpflanzen tödliche Säuren vom kalkarmen Gestein dieser Berge nicht neutralisiert werden können.
Lange Jahre galt übrigens der Galdhøpiggen mit seinen 2 469 Metern nur als der zweithöchste Gipfel Norwegens; noch 1931 wurde die benachbarte Glittertinden, die einen dicken Eispanzer trägt, mit 2 481 Metern vermessen. Mittlerweile aber ist das Eis um 17 Meter abgeschmolzen, und die Glittertinden ist damit ihren Spitzenplatz los. Und das zu recht, denn ohne ihre Eiskappe, wäre die „Glitzerzinne" ohnehin „nur" 2 452 Meter hoch gewesen.
Derlei Zahlenspiele sind im Gebirgsmassiv Rondane, das 90 Kilometer nordöstlich von Jotunheimen auf der anderen Seite des Gudbrandsdals liegt, überflüssig. Nicht, daß es hier etwa keine Zweitausender gäbe – der höchste von ihnen, das Rondeslottet, mißt imposante 2 178 Meter über dem Meeresspiegel –, aber Gletschereis, das über ihre wahre Höhe hinwegtäuschen könnte, sucht man im Rondanegebiet vergebens.
Sämtliche Gletscher in Norwegen sind nämlich nicht etwa Überbleibsel der letzten Eiszeit, sondern bildeten sich erst um 500 v. Chr., als eine *Subatlantikum* genannte Klimaveränderung den relativ warmen nacheiszeitlichen Temperaturen ein Ende setzte und die Schneefallgrenze wieder sinken ließ. Im Rondane aber schneite es nie genug – und das liegt wiederum an den Bergen von Jotunheimen, wo sich die von Westen kommenden Wolken so gründlich abschneien, daß für das Rondanegebiet nicht mehr viel übrigbleibt. Daß es sich bei der geringen Niederschlagsmenge aber lediglich um einen Jahresdurchschnittswert handelt, wird manchem Bergsteiger schmerzlich bewußt, wenn er sich mitten im Hochsommer auf den Bergen des Rondane plötzlich in einem ausgewachsenen Schneesturm wiederfindet.
Dennoch trägt die relative Trockenheit im Rondane viel zum einzigartigen Reiz dieser Gegend bei, und das Fehlen heutiger Gletscher läßt das Wirken ihrer eiszeitlichen Vorgänger nur um so deutlicher zutage treten: An den rundgeschliffenen Formen der kahlen, von weiten Tälern mit viel Geröll geprägten Gebirgslandschaft läßt sich sehr schön die Hobelwirkung der Eismassen erkennen, die vor etwa 10 000 Jahren das Rondane geformt haben. Braun, grau und grün sind die vorherrschenden Farben in dieser ansonsten felsgrauen Einöde, denn auf dem kargen, nährstoffarmen Boden wachsen außer Flechten und Moosen höchstens einmal ein paar Krüppelbirken.

Aber weniger ist oft mehr, und hier im Rondane sind es gerade der Mangel üppiger Vegetation und die grandiose Weite der urzeitlich anmutenden Landschaft, die von Jahr zu Jahr mehr Besucher anlocken. Mittlerweile sind es so viele, daß das Rondane nach der Hardangervidda im Südosten zum am häufigsten besuchten Wandergebiet Norwegens geworden ist.
Schon 1962 wurde im Rondane ein 500 Quadratkilometer großes Naturschutzgebiet ausgewiesen, das 1970 zum ersten norwegischen Nationalpark erklärt wurde. Auch wenn böse Zungen behaupten, man habe diesen Schritt wohl nur der Tatsache zu verdanken, daß eine landwirtschaftliche Nutzung hier sowieso nie möglich gewesen wäre, war es doch wichtig, diese vom Menschen nahezu unberührte Wildnis vor einem Ausbau der Wasserkraft und den Eingriffen intensiven Bergbaus – in der Nähe wurde früher nach Kupfer gegraben – zu schützen.
Diese Maßnahme kam unter anderem den 3 000 wildlebenden Rentieren zugute, die es heute noch im Rondane gibt. Bei einer ausgedehnten Wanderung kann es durchaus vorkommen, daß einem ein paar dieser imposanten Tiere mit ihren pelzigen Geweihen über den Weg laufen. Von der schon seit Jahrtausenden üblichen Jagd auf diese Hirschart zeugen die an manchen Orten noch zu besichtigenden Rentierfallen aus vor- und frühgeschichtlicher Zeit – schmale, aus Steinwällen gebildete Gassen mit einer Grube am Ende, in die man mit lautem Geschrei die Tiere hineintrieb. Felszeichnungen, wie sie an verschiedenen Stellen in Norwegen gefunden wurden, stellen solche Rentierjagden in der Steinzeit minutiös und detailliert dar.

Mittelnorwegen und Trøndelag

Von Heiligen und wilden Tieren

Auf dem Königsweg durchs Dovrefjell

Warum heißt der Vielfraß eigentlich Vielfraß? Nichts ist einfacher als das, möchte man meinen: „Den Namen hat das Tier wahrscheinlich von seiner Freßgier", ist in Meyers Konversationslexikon von 1890 nachzulesen, in dem das etwa einen dreiviertel Meter lange Raubtier aus der Familie der Marder auch sonst keine allzu gute Presse hat: Daß er Kühen die Gurgel durchbeiße, ist da noch als eine seiner harmloseren Untaten aufgelistet. „Er frißt auch den Köder und die gefangenen Tiere aus den Fallen", weiß das Nachschlagewerk zu berichten, „plündert die Hütten der Lappen und soll Menschenleichen ausgraben."

Alles üble Nachrede, wie ein Blick in die 100 Jahre später erschienene Auflage desselben Lexikons beweist. Da ernährt sich der Vielfraß auf einmal nur noch von „kleineren Säugetieren, sowie Jungtieren größerer Säuger und Vögeln", und auch sein angeblich auf einen unstillbaren Appetit hinweisender Name erklärt sich nun als eine Verballhornung des norwegischen Wortes „fjellfross", was im Deutschen „Bergkater" bedeutet.

Ganz wörtlich mit „Berg" darf man das norwegische Wort „fjell" allerdings nicht übersetzen. Der vielschichtige Begriff kann zwar auch einen einzelnen Berg oder Fels bedeuten, steht aber eher für ganze Berglandschaften und Gebirge oberhalb der Baumgrenze. Diese wilden, einsamen Landschaften aus Fels, Moor und Heide haben seit jeher die Menschen so sehr mit Staunen, Ehrfurcht und manchmal auch Schrecken erfüllt, daß sie bis zum Einsetzen des Gebirgstourismus Ende des vorigen Jahrhunderts nahezu weiße Flecken auf der Landkarte waren – der ideale Schauplatz für Legenden wie eben die vom blutrünstigen Vielfraß.

Das Dovrefjell, eine zwischen Dombås und Oppdal gelegene Fjellregion, war den Menschen allerdings auch zu alten Zeiten recht gut bekannt. Hier biegt nämlich ein bereits seit der Wikingerzeit bestehender Handelsweg aus dem geschützten Gudbrandsdal ab und führt weiter hinauf nach Norden in Richtung Trondheim.

Auch heute, im gut beheizten Auto oder Wohnmobil auf der Europastraße 6, braucht man seine Phantasie nicht allzusehr anzustrengen, um sich vorzustellen, wie beschwerlich so eine Reise auf den nur schlecht instand gehaltenen Gebirgssteigen im Mittelalter gewesen sein muß. Selbst im Hochsommer kriecht einem bei dem Gedanken, auf den baumlosen, nur von Flechten, Moosen und windzerzaustem Gestrüpp bewachsenen Hochflächen schutzlos Wind und Regen, Schnee und Blitzschlag ausgeliefert zu sein, ein kalter Schauder über den Rücken.

Ähnliches mußte bereits König Øystein I. Magnusson (1103–1123) empfunden haben, der in dieser unwirtlichen Einöde die ersten Fjellstuer (Fjellhütten) errichten ließ. Aus diesen einstmals bescheidenen Hütten haben sich mit der Zeit stattliche Anwesen und Keimzellen für kleine Ortschaften entwickelt, von denen manche im Jahr 1921, als die Dovre-Eisenbahn gebaut wurde, zusätzlich noch einen Bahnhof bekamen. Selbst als moderner Tourist des 20. Jahrhunderts hat man in diesen Ansiedlungen, die mit Namen wie Fokstua oder Drivstua immer noch an ihre ursprüngliche Herkunft als Berghütte erinnern, den Eindruck, nach vielen Kilometern Wildnis in einen Außenposten der Zivilisation zu gelangen: Viel mehr als eine Tankstelle, ein Postamt, eine Bank und einen Supermarkt, in dem man sich mit allem Notwendigen eindecken kann, haben sie an Infrastruktur nicht zu bieten.

Die alten königlichen Rasthäuser haben sich längst zu komfortablen Berggasthöfen gemausert, in denen man stilecht übernachten und gut essen kann. In Kongsvold, dem nördlichsten von ihnen, gibt es außerdem ein kleines Museum, in dem man sich unter anderem über Flora und Fauna des Dovrefjells informieren kann. Daß an den stattlichen Bau aus rotgestrichenem Holz auch eine botanische Forschungsstation der Universität Trondheim angegliedert ist, hat seinen guten Grund. Anders als im eher vegetationsarmen Rondanegebiet gedeihen auf den sehr unterschiedlichen Böden des Dovrefjells eine Unmenge verschiedener Pflanzenarten, darunter die Rundblättrige Glockenblume, die Frühlingsküchenschelle und der Norwegische Beifuß. Letzterer, von den Botanikern *artemisia norwegica* genannt, ist ein ausgesprochen seltenes Gewächs, das auf der ganzen Welt nur an den Hängen des Knutshø, eines knapp 1700 Meter hohen Berges im Dovrefjell, zu finden ist. Vermutlich hat es dort auf einem eisfreien Gipfel oberhalb der Gletscher die letzte Eiszeit überlebt – eine echte botanische Sensation.

In der Tierwelt des Dovrefjells geht es kaum weniger exklusiv zu. So kann man in der Gegend um Kongsvold neben dem scheuen Vielfraß und dem geheimnisumwitterten Lemming mit etwas Glück auch den einen oder anderen Moschusochsen sehen, ein urzeitlich anmutendes Rind mit mächtigen, breit geschwungenen Hörnern.

Die struppigen Tiere sind noch nicht lange im Dovrefjell heimisch; erst in den dreißiger Jahren unseres Jahrhunderts haben Robbenfänger einige Kälber dieser hier seit der letzten Eiszeit ausge-

Über 300 Jahre alt sind die Balken und Säulen an einem Nebenbau des alten Königshofs Tofte.

storbenen Tierart aus Island mitgebracht. Zwischen 1947 und 1954 wurden weitere Jungtiere ausgesetzt, und mittlerweile ist die Herde auf über 60 Exemplare angewachsen und lockt alljährlich Tausende von Besuchern in den 1974 entstandenen Dovrefjell-Nationalpark. Allzu nahe sollte man den zotteligen „Schafsochsen" allerdings nicht auf den bis zu 60 Zentimeter langen Pelz rücken – wenn die ansonsten lammfrommen Tiere sich angegriffen fühlen, können sie recht ungemütlich werden, worauf unzählige Warntafeln an Parkplätzen und Wanderwegen hinweisen.
Die höchste Erhebung im Dovrefjell ist der Berg Snøhetta, den der Dichter Henrik Wergeland (1808–1845) einmal „die dominierende Gestalt auf Dovres breitem Rücken" genannt hat. Lange Zeit, bis man feststellte, daß der Galdhøpiggen und die Glittertind im Jotunheimen noch höher sind, galt die „Hetta", wie der Volksmund sie nennt, mit ihren 2 286 Metern als höchster Berg Norwegens. Der bekannteste und am meisten besungene ist er bis heute geblieben – schließlich wies sein charakteristischer, auch im Sommer noch schneebedeckter Gipfel jahrhundertelang unzähligen Pilgern, Händlern und anderen Reisenden den Weg über das Dovrefjell. Darunter waren nicht weniger als 43 norwegische Könige – von Harald Schönhaar im 9. Jahrhundert bis hin zum seit 1991 regierenden Harald V. –, die zum Teil auf dem Weg zu ihrer Krönung im Nidarosdom zu Trondheim waren.
Den Spuren der hohen Herren kann man noch heute auf dem alten Königsweg (Gamle Kongsveien) folgen, der von Tofte, dem alten Königshof beim Ort Dovre, über den Berg Hardbakken nach Fokstua führt. Heute bietet der mit Kronen in Blau und Gelb gekennzeichnete Wanderweg nicht nur wunderbare Aussichten auf die Snøhetta und bis hinüber in die vergletscherten Gipfel von Jotunheimen, sondern nötigt einem mit seinem steilen Anstieg bis auf 1 200 Meter Höhe zugleich Respekt vor der Kondition früherer Monarchen ab.

Das Verdal und Stiklestad

Die Tiere merkten es schon am Abend zuvor und wurden unruhig. Hofhunde zerrten wild an ihren Ketten, das Vieh in den Ställen brüllte verstört und Pferde, die auf der Weide grasten, nahmen Reißaus. Ein paar Stunden später, um halb ein Uhr nachts, ereignete sich am 29. Mai 1893 im Verdal, einem stillen Flußtal am nordöstlichen Ende des Trondheimfjords, der bisher größte Lehmrutsch in der Geschichte Norwegens.
Im Gegensatz zu Erdrutschen, die sich oft mit Rissen im Boden ankündigen, geht bei einem Lehmrutsch alles rasend schnell. Hat der Lehm einen gewissen Wassersättigungsgrad erreicht, genügt die geringste Erschütterung, um ihn auf großen Flächen innerhalb von Minuten als eine wabbelige, puddingartige Masse

in Bewegung zu bringen – so wie vor etwas mehr als hundert Jahren im Verdal.
„Wir lagen im tiefsten Schlaf und glaubten, der Jüngste Tag wäre angebrochen", beschrieb später ein Überlebender die schlimmste Naturkatastrophe, die sich in Norwegen jemals ereignet hat. Auf einem Gebiet von drei Quadratkilometern kam der Lehm ins Rutschen, riß Menschen und Tiere mit sich fort und verschlang ganze Häuser mitsamt ihren Bewohnern. 55 Millionen Kubikmeter Lehm zerstörten im Tal des Verdalflusses auf einer Fläche von neun Quadratkilometern alles, was auf dem Weg lag. Den Rettungsmannschaften, die aus der ganzen Provinz Trøndelag herbeieilten, bot sich ein Bild des Grauens: Die einstmals grüne Landschaft mit ihren Weiden und Haferfeldern hatte sich in eine riesige, braungraue Schlammwüste verwandelt, aus der die Giebel von umgestürzten, halb im Dreck begrabenen Holzhäusern herausragten wie achtlos weggeworfenes Spielzeug. Raben und Krähen pickten an Leichen und Tierkadavern herum, der Verwesungsgeruch lockte erste Wölfe aus den Wäldern im Osten an.
Von den 250 Menschen, die vor der Katastrophe im Unglücksgebiet lebten, waren 116 ums Leben gekommen; 100 Häuser waren zerstört worden, und bis der Verdalfluß sich ein neues Bett durch den Lehm gegraben hatte, staute er sich bis zu acht Meter hoch auf und verursachte dadurch weiter flußaufwärts verheerende Überschwemmungen.
Der große Lehmrutsch von 1893 ist nicht das einzige schicksalhafte Ereignis, das sich in dieser Gegend zugetragen hat. Jedes Schulkind kennt in Norwegen

den Namen des kleinen Weilers Stiklestad, der sich nur drei Kilometer vom Zentrum des Lehmrutsches entfernt befindet.
Am 29. Juli des Jahres 1030 ging hier König Olav II. Haraldsson – heute besser bekannt als der Heilige Olav, der Schutzpatron von Norwegen – in seine Schicksalsschlacht, die zum markantesten Wendepunkt der Landesgeschichte werden sollte. Olav, ein Urenkel von Harald Schönhaar, der um das Jahr 900 schon einmal ganz Norwegen unter seiner Oberherrschaft vereint hatte, wollte ebenso wie sein Vorfahr alleiniger König in dem mittlerweile wieder in viele kleine Stammesfürstentümer zerfallenen Land werden. Sein Vorhaben führte Olav unter dem Zeichen des Kreuzes durch, und er war nicht gerade zimperlich, wenn es galt, seine Untertanen zu dem damals in Skandinavien noch nicht sehr weit verbreiteten Christentum zu bekehren. Seine erbittertsten Gegner waren dabei die dickschädeligen, selbstbewußten Bauernfürsten aus der Provinz Trøndelag, die von dem ehrgeizigen König ebensowenig wissen wollten wie von seiner neumodischen Religion. Unterstützt vom Dänenkönig Knut dem Großen, wagten sie den Aufstand gegen Olav und bereiteten seinem Heer bei Stiklestad eine vernichtende Niederlage. In seiner 1230 verfaßten Königssaga *Heimskringla* beschreibt der isländische Dichter Snorri Sturluson bis ins Detail, wie Olav dabei im Schlachtgetümmel den Märtyrertod erlitt:
„Thorstein Schiffsbauer schlug auf König Olav mit einer Axt, und der Schlag traf das linke Bein nahe dem Knie und weiter oben von diesem. Finn Arnissohn streckte Thorstein sofort nieder. Der König aber lehnte sich nach dieser Verwundung an einen Stein und warf das Schwert fort. Er bat Gott, ihm zu helfen. Nun stieß Thorir Hund mit seinem Speere nach ihm. Der Stoß drang ihm unter der Brünne durch und drang ihm nach oben in den Bauch. Dann hieb Kalf auf ihn, und der Hieb traf ihn an der linken Seite des Halses. Doch sind die Leute nicht einer Meinung darüber, wo Kalf den König verwundete. Durch diese drei Wunden verlor der König sein Leben."
Und das tut er heute noch Jahr für Jahr, und zwar beim „Spiel vom Heiligen Olav", das immer um den 29. Juli herum auf dem historischen Schlachtfeld aufgeführt wird. Seit 1954 spielen hier auf der größten Freilichtbühne Europas 350 Schauspieler – teils Laien, teils Profis – Olavs letzte Tage nach.
Wer keine Karte für das nur an vier Tagen stattfindende Spektakel mehr bekommt, kann sich die herzergreifende Sterbeszene das ganze Jahr über im erst 1992 fertiggestellten *Nationalen Kulturzentrum Stiklestad* direkt neben dem ursprünglichen Schauplatz des grausigen Geschehens zu Gemüte führen: Der architektonisch interessante Bau aus Glas, Holz und Beton beherbergt neben Theater-, Konzert- und Kongreßsälen auch eine Dauerausstellung über den Heiligen Olav und die Schlacht von Stiklestad. Zwischen Schaukästen mit Schmuck, Münzen und Gerätschaften aus der späten Wikingerzeit lassen hier effektvoll beleuchtete Puppen vor düsterem Waschbeton auf gespenstische Art die blutige Schlacht von vor fast 1 000 Jahren wieder lebendig werden.

Trondheim und der Nidarosdom

Mit der Niederlage von Stiklestad ist Olavs Geschichte beileibe noch nicht zu Ende, denn erst die nachfolgenden Ereignisse sollten ihn bis weit über die Grenzen Norwegens hinaus berühmt machen. Noch am Abend der Schlacht schafften Getreue die Leiche des Königs heimlich vom Schlachtfeld und brachten sie per Schiff durch den Trondheimfjord nach Süden, wo sie sie unweit des Ortes Nidaros in einem Sandhügel begruben. Den Ort hatte 977 ein Vorgänger und Namensvetter des Heiligen Olav gegründet, der im Jahr 1000 verstorbene Olav Tryggvason.
Wer heute auf den Wällen der im Osten der Stadt gelegenen Festung Kristiansten steht und seinen Blick über das Stadtgebiet schweifen läßt, kann unschwer erkennen, warum aus der alten Wikingeransiedlung, die längst nicht mehr Nidaros, sondern Trondheim heißt, mittlerweile die drittgrößte Stadt Norwegens geworden ist: Die einmalig günstige Lage auf einer Landzunge zwischen dem Trondheimfjord und den weiten Schleifen des Flusses Nidelv war ideal für ein Handelszentrum im Herzen Norwegens. Von der historischen Innenstadt mit ihren Holzhäusern ist allerdings heute nichts mehr zu erkennen, denn Trondheim wurde, wie viele andere norwegische Städte auch, in seiner über tausendjährigen Geschichte immer wieder von verheerenden Bränden eingeäschert. Nach dem Feuersturm von 1681 machten die Trondheimer Nägel mit Köpfen und beauftragten den aus Luxemburg stammenden Generalmajor Jean Caspar de Cicignon, der bereits die Verteidigungsanlagen von Kristiansten geschaffen hatte, mit einer grundlegenden Neuplanung der Stadt. Noch immer prägt der annähernd schachbrettartige Entwurf mit seinen breiten und daher weniger feuergefährlichen Straßen das Zentrum der Stadt, die heute 135 000 Einwohner zählt.
Typisch für Trondheim sind die alten, auf dicken Holzpfählen stehenden Lagerhäuser am Westufer des Nidelv, die teilweise noch aus dem 18. Jahrhundert stammen. Den besten Blick auf ihre bunten Bretterfassaden, die sich an schönen Tagen im stillen Wasser des Flusses spiegeln, hat man von der *Gamla Bybrua,* einer im Jahr 1681 erbauten Holzbrücke, deren zierliche, rotgestrichene Holzbögen fast ein wenig asiatisch anmuten. Manchmal kann man hier sogar den einen oder anderen Angler antreffen, der mitten in der Stadt nach Lachsen fischt.

1905, als dieses kolorierte Photo entstand, arbeitete man bereits seit 36 Jahren am Wiederaufbau des Nidarosdoms in Trondheim.

So beschaulich allerdings geht es nicht überall in Trondheim zu. Allein die 16 000 Studenten, die sich hier an der zweitgrößten Universität Norwegens eingeschrieben haben, sorgen in der Stadt für ein lebhaftes Treiben. Trondheim ist nicht nur Sitz einer berühmten Technischen Hochschule, einer Kunstakademie und eines Musikkonservatoriums, sondern auch der Königlich Norwegischen Wissenschaftsgesellschaft, der 1760 gegründeten, ältesten Lehrinstitution des Landes. Auch sonst kommt die Stadt am Nidelv nicht so schnell in Verlegenheit, wenn es um historische Superlative geht: 1797 wurden hier die älteste Zeitung und 1816 das älteste Theater des Landes gegründet. Und dann ist da am Anfang der Munkegate, nicht weit vom Stadtzentrum entfernt, noch der Nidarosdom, die berühmteste und in Teilen wohl auch älteste Kirche Norwegens, die ihren alten Namen behielt, während die Stadt im 15. Jahrhundert in Trondhjem (später Trondheim) umgetauft wurde.

Steht man vor der mächtigen Kathedrale aus grünlichgrauem Speckstein und betrachtet ihre drei Türme, die reichverzierte Westfassade und das riesige Rosettenfenster über dem Hauptportal, so kann man sich nur mit Mühe vorstellen, daß man hier vor gut neun Jahrhunderten nichts weiter als den Sandhügel vorgefunden hat, in dem man nach der Schlacht von Stiklestad die Leiche des heiligen Olav versteckt hatte. Der tote König lag allerdings nicht einmal ein Jahr in seinem geheimgehaltenen Grab, da erkannten die Bauernfürsten aus dem Trøndelag, daß sie mit ihrem Kampf gegen ihn einen schrecklichen Fehler begangen hatten. Ob dieser plötzliche Sinneswandel wirklich auf die Wunderheilungen zurückzuführen ist, die der Leichnam Olavs noch auf dem Schlachtfeld bewirkt haben soll, oder eher als eine Reaktion auf die extrem hohen Steuern angesehen werden muß, mit denen der neue König Knut von Dänemark nun das Land gnadenlos ausgepreßte – wer kann das heute noch sagen? Fest steht jedenfalls, daß sich die von Reue geplagten Kleinfürsten einer nach dem anderen zum Christentum bekannten und schließlich sogar Olavs alten Bischof Grimkel aus dem Exil holten. Dieser machte sich alsbald daran, die Leiche seines Königs in die nahe Clemenskirche in Nidaros überführen zu lassen.

Die Öffnung des Königsgrabes schildert Snorri Sturluson in seiner *Heimskringla* folgendermaßen: „Dann kam Bischof Grimkel dorthin, wo man den Sarg König Olavs geöffnet hatte, und da war ein herrlicher Wohlgeruch. Da enthüllte der Bischof das Gesicht des Königs, und sein Antlitz hatte sich gar nicht verändert. Seine Wangen waren so rot, als wäre er eben erst schlafen gegangen. Aber darin nahmen die

Auf dem Fischmarkt von Trondheim ging es bereits im letzten Jahrhundert lebhaft zu – zum Teil wurden damals die Fänge direkt vom Boot verkauft.

eine große Veränderung wahr, die König Olav gesehen hatten, als er fiel, daß sein Haar und seine Nägel seitdem fast ganz frei gewachsen waren, wie dies gewesen wäre, wenn er noch die ganze Zeit nach seinem Fall hier auf der Welt gelebt hätte."

Auch wenn die skeptische Alfiva, die Mutter des von König Knut eingesetzten Statthalters Svein Knutsson, schon damals zu bedenken gab, daß Leichen in sandigen Böden nur sehr langsam verwesen, glaubte man allenthalben an ein Wunder, zumal aus dem Grab im Sandhügel auch noch eine Quelle mit heilsamem Wasser entsprang. „Der Quell wurde übermauert, und sein Wasser wurde seitdem immer sorgfältig gehütet", schreibt Sturluson 200 Jahre später. „Zuerst baute man dort eine Kapelle, und den Altar errichtete man dort, wo das Grab des Königs gewesen war."

Im achteckigen Hochchor des Nidarosdoms findet man immer noch die Stelle, an der die heute versiegte Quelle austrat. Zunächst aber dürfte der Besucher beim Betreten des dämmrigen Kirchenschiffs erst einmal von dessen gewaltigen Dimensionen erstaunt sein. Wenn er sich dann allerdings ins Gedächtnis ruft, daß von hier aus einstmals das größte Erzbistum Europas verwaltet wurde – es reichte bis nach Grönland, Island und zu den Färöer-Inseln –, dürfte er die 102 Meter Länge, 50 Meter Breite und 21 Meter Höhe der Kathedrale als durchaus ihrer Bedeutung angemessen erachten. Außerdem war dieser größte gotische Bau Norwegens ja nicht nur kirchliche Machtzentrale, sondern auch ein Dreh- und Angelpunkt weltlicher Gewalt. Trondheim war jahrhundertelang als einer der wichtigsten Königshöfe praktisch die Hauptstadt des Landes, und seit 1299, als sich Håkon V. Magnusson hier krönen ließ, zog es immer wieder die norwegischen Herrscher an Olavs Grab, um sich hier mit dem Segen des *Rex Perpetuus Norvegiae* – des ewigen Königs Norwegens – vom Erzbischof die Insignien der Macht überreichen zu lassen.

In der Verfassung von 1814 wurde die Krönung in Trondheim sogar verbindlich vorgeschrieben, und aus dieser Zeit stammen auch die drei prunkvollen Kronen, die man heute in einer Seitenkapelle an der nördlichen Westfront des Domes betrachten kann. Zwei von ihnen ließ König Karl XIV. Johan extra zu seiner Inthronisation im Jahr 1818 von einem Stockholmer Goldschmied anfertigen, die dritte, die Erbfolgerkrone, kam später hinzu. Im Jahr 1906 wurden diese herrlich gearbeiteten Kleinodien zum letzten Mal auf die Häupter von König, Königin und Kronprinz gesetzt, denn zwei Jahre später legte eine Verfassungsänderung fest, daß norwegische

Das Innere des restaurierten Nidarosdoms zu Beginn unseres Jahrhunderts: An seiner Ausgestaltung wirkten viele bedeutende Künstler mit, darunter auch der Bildhauer Gustav Vigeland.

Könige fortan nicht mehr gekrönt, sondern statt dessen vom Bischof von Trondheim gesegnet werden sollten – allerdings nach wie vor im Nidarosdom. Und dabei ist es bis heute geblieben. Drei Jahre, bevor das jetzige Königspaar, Harald und Sonja, 1991 hier seinen Segen empfing, ließ die königliche Familie in einer feierlichen Zeremonie die Krönungsinsignien in den Nidarosdom bringen, wo sie nun jeder, außer am Karfreitag, das ganze Jahr über bewundern kann.

An Krönungen dachte man noch nicht, als anno 1070 hier mit dem Bau der ersten steinernen Kirche begonnen wurde. Damals ging es vielmehr darum, den Pilgern, die 40 Jahre nach dem Tod von König Olav in immer größer werdenden Scharen aus ganz Europa zu seinem Grab strömten, ein der wachsenden Bedeutung des Heiligen würdiges Gotteshaus zu bieten. Als 1152 Nidaros zum Erzbistum erhoben wurde, erweiterte man die Baupläne noch einmal, nun im gotischen Stil, den Erzbischof Eystein Erlendsson 1180 während eines Englandaufenthalts kennengelernt hatte. Kein Wunder also, daß der Nidarosdom noch heute eine gewisse Ähnlichkeit mit den englischen Kathedralen in Lincoln und Canterbury aufweist.

Allerdings ist von der mittelalterlichen Bausubstanz und Ausstattung des Nidarosdoms nur sehr wenig erhalten. Die Ursache dafür waren mehrere Brände und nicht zuletzt die Reformation, die 1537 mit einem dramatischen Paukenschlag ins katholische Trondheim einbrach. Ausgerechnet am Ostersonntag mußte Olav Engelbrektsson, der letzte Erzbischof von Nidaros, vor dem protestantischen König Christian III. fliehen. Der dänische Monarch, der erst in diesem Jahr auf den norwegischen Thron gekommen war, ließ im Nidarosdom, dem ehemaligen Zentrum katholischer Macht, seine Bilderstürmer wüten. Sie leisteten gründliche Arbeit: Von den 28 mittelalterlichen Altären der Kirche überlebten gerade mal zwei, der prächtige silberne Olavs-Schrein wurde nach Dänemark verschleppt und verschwand auf Nimmerwiedersehen, und ein paar Jahre später wurde sogar das Grab des Heiligen in der Kathedrale zugeschaufelt – es konnte bis auf den heutigen Tag nicht wieder aufgefunden werden.

In den folgenden Jahrhunderten verlor der einstmalige Bischofsdom zusehends an Bedeutung. Zeitweise diente er sogar der Bevölkerung Trondheims als eine Art Steinbruch für billiges Baumaterial.

Nur fünf der 60 Steinfiguren, die heute die beeindruckende Westfassade des Bauwerks zieren, standen noch an ihrem Platz, als man 1869, getragen von einer neuen nationalen Begeisterung, unter der Leitung des Leipziger Architekten Heinrich Ernst Schirmer mit dem Wiederaufbau begann. Viele bedeutende Künstler haben seither an der Erneuerung des Domes mitgewirkt, darunter auch der bekannte Bildhauer Gustav Vigeland. Obwohl die Restaurierungen zum Teil immer noch andauern, wurde die Kathedrale am 29. Juli 1930, dem 900. Todestag von König Olav, zum zweiten Mal geweiht und wird heute vermutlich von mehr Touristen besucht als jemals von Pilgern zu ihrer Blütezeit im Mittelalter.

Wer will, kann sich dabei auf das Fragespiel „Was ist alt? Was ist neu?“ einlassen, vielleicht aber ist es besser, die mächtige Kathedrale als das zu nehmen, was sie ist: Als gewachsene Geschichte, als eine ineinander verwobene Mischung von alt und neu, in der der uralte Brunnen über der inzwischen versiegten Olavsquelle ebenso seinen Platz hat wie die Orgel von 1930 und die von Gabriel Kielland von 1908 bis 1934 angefertigten Buntglasfenster, die für das geheimnisvolle, mystische Licht um den achteckigen Umgang im Hochchor sorgen. Und wer wissen will, wen die in drei Reihen übereinander stehenden Steinfiguren an der Westfassade darstellen, von denen die meisten in unserem Jahrhundert nach alten Vorbildern oder auch als Neuschöpfungen angefertigt wurden, der sollte sich tunlichst einen detaillierten Kunstführer besorgen. Den Heiligen Olav, so viel sei hier verraten, findet man in der mittleren Reihe: Er ist der vierte von rechts.

Flechten sind die Bergsteiger unter den Pflanzen: Selbst dort, wo nichts anderes mehr wächst, wie hier auf dem Sognefjell, bilden sie noch ihre dekorativen Muster.

Die schönste Paßstraße Norwegens, wenn nicht ganz Europas, ist die 1936 fertiggestellte Trollstigen in der Provinz Møre og Romsdal. Mit ihren unzähligen Haarnadelkurven führt sie, vorbei an donnernden Wasserfällen, von Valldal ins Isterdal südlich von Åndalsnes.

Wasser schäumt den Fels
hinab und läßt üppige
Moospolster entstehen –
wie hier in der Nähe der
Trollstigen-Straße.

Teilweise aus dem 18. Jahrhundert stammen diese auf Pfählen stehenden Geschäfts-, Wohn- und Lagerhäuser an den Ufern des Nidelv in Trondheim.

Schneebedeckt und majestätisch präsentieren sich die Berge von Jotunheimen noch lange, während auf dem Sognefjell schon der Frühling eingekehrt ist.

„Und ewig singen die Wälder ..." Hier, in der stillen Hedmark, fühlt man sich in die Welt der Romane von Trygve Gulbranssen versetzt.

Auf dem äußersten Punkt der ganzen Welt...

Der Polarkreis, Narvik und der Zweite Weltkrieg

Das Saltfjellet, etwas mehr als 100 Straßenkilometer nördlich des Städtchens Mo i Rana in der Provinz Nordland gelegen, ist eigentlich eine Gebirgslandschaft, wie man sie in Norwegen häufig findet: Felsen, Moos und bräunliches, vom Wind niedergedrücktes Gras in einem weiten, vom Gletscher sanft ausgeschliffenen Tal, dahinter graublau schimmernde, auch im Sommer noch nicht ganz schneefreie Berge.

Daß hierher trotzdem Jahr für Jahr mehr Besucher pilgern als an irgendeinen anderen Ort nördlich von Trondheim, liegt einzig und allein an einer sanft geschwungenen Linie, die auf jeder Norwegenkarte eingezeichnet ist: *Polarsirkelen* steht neben dem Bogenstück eines Kreises, der sich auf genau 66 Grad und 30 Minuten nördlicher Breite wie der Rand einer flachen, runden Kappe um den Globus zieht und das Polargebiet von den gemäßigten Zonen trennt. Früher war der Polarkreis hier oben im Saltfjellet nur an ein paar eher unscheinbaren Gedenksteinen erkennbar, seit ein paar Jahren aber steht direkt an der Europastraße 6 ein riesiges Besucherzentrum mitten in der kahlen Landschaft. Wer will, kann in dem Gebäude mit seinem geschwungenen, grauen Schieferdach ein Polarmuseum mit allerlei ausgestopftem Getier und einer Multivisionsschau besichtigen, im Souvenir-Supermarkt alle nur erdenklichen Mitbringsel einkaufen oder sich gegen eine nicht gerade geringe Gebühr ein Polarkreis-überschreitungszertifikat in nahezu allen wichtigen Weltsprachen ausstellen lassen. Eine Ausgabe, die man sich getrost schenken kann, denn auch ohne Zertifikat bekommt man hier das Gefühl, auf einmal eine andere Welt zu betreten. Während nämlich die Fahrt von Trondheim gen Norden bisher durch dichte Nadelwälder und am Ufer des Namsen mit seinen dramatisch schäumenden Wasserfällen entlangführte, verwandelt sich die Landschaft ein paar Kilometer vor dem Polarkreis auf einmal in eine arktisch anmutende Ödnis. Die Nadelbäume machen Krüppelbirken Platz und diese wiederum Buschwerk, Flechten und Moosen. Bereits die 440 Höhenmeter, die das Saltfjellet über dem Meeresspiegel liegt, genügen hier oben im Norden, um über die Baumgrenze hinauszuführen und so einen optischen Vorgeschmack auf die Tundra der Finnmark zu geben.

Dabei sieht es einige Kilometer weiter nördlich schon wieder ganz anders aus. Näher am Meer wird nämlich der Einfluß des Golfstroms wieder stärker, der Norwegens Küste in ihrer vollen Länge umspült und so in diesen Breitengraden für ein Klima sorgt, das sonst nur sehr viel weiter südlich zu finden ist.

Der warmen Meeresströmung aus dem Atlantik verdankt auch die Stadt Narvik, die noch im Jahr 1900 nicht viel mehr als ein verschlafenes Fischernest war, ihren Aufstieg zu einem der bedeutendsten Erzhäfen Europas. Um die Jahrhundertwende waren im schwedischen Kiruna reiche Eisenerzvorkommen entdeckt worden, und eine möglichst problemlose Transportmöglichkeit zu den Industriezentren Englands und Mitteleuropas mußte gefunden werden. Der den Bergwerken am nächsten gelegene schwedische Hafen fiel von vornherein aus, weil der Bottnische Meerbusen im Winter zufriert. Die schwedischen und englischen Bergwerksbetreiber entschieden sich daher zum Bau einer Eisenbahnstrecke quer durchs Gebirge nach Narvik, wo der Golfstrom das ganze Jahr über einen eisfreien Hafen garantiert.

Im Jahr 1898 wurde mit dem Bau der *Ofotbahn* begonnen, und vier Jahre später konnte der erste Zug nach Narvik rollen. Noch heute ist eine Fahrt auf dieser Strecke nicht nur für Eisenbahnenthusiasten ein ganz besonderes Erlebnis. Wenn man von der an manchen Stellen kühn an den Berghang geklebten Trasse wie aus einem Segelflugzeug hinunter auf den Rombakenfjord blickt, bekommt man Respekt vor den Eisenbahnarbeitern, die sie mit nicht viel mehr Hilfsmitteln als Schaufel und Pickel in den Fels gegraben haben. Wer sich näher für die Geschichte der Ofotbahn interessiert, kann von Narvik aus organisierte Tagesausflüge zu verfallenen Lokschuppen, alten Gleisanlagen und der mittlerweile aufgelassenen Norddal-Brücke mitmachen, über die 1988 zum letzten Mal ein Zug fuhr.

Weniger Eisenbahnnostalgie als vielmehr pure Reiselust ist es, die viele junge Leute mit Interrail-Ticket dazu bringt, von Kiruna aus mit der Erzbahn nach Westen zu fahren. In Narvik angekommen, fallen viele von ihnen aus allen Wolken, wenn sie merken, daß die Hafenstadt zwar ans schwedische, nicht aber ans norwegische Eisenbahnnetz angeschlossen ist – das nämlich endet über 300 Kilometer weiter südlich in Bodø an der Mündung des Saltfjords. Dieser Irrtum hat zur Folge, daß es in der Narviker Jugendherberge den ganzen Sommer über kein freies Bett gibt und die Stadt ständig voller rucksack- und kameraschleppender junger Menschen ist.

Allzuviel gibt es in Narvik für sie allerdings nicht zu photographieren: Außer den riesigen, 1977 modernisierten Kaianlagen, auf denen jährlich über 20 Millionen Tonnen Erz von der Eisenbahn aufs Schiff verladen werden können, und einem

Wegweiserbaum, der mitten in der Stadt darüber informiert, daß man hier 2 388 Kilometer von Hamburg, 1 518 Kilometer von Helsinki und 4 168 Kilometer von Rom entfernt ist, gibt es in Narvik fast nur relativ schmucklose Häuser, von denen keines älter als 50 Jahre ist. Bei einem Besuch im *Kriegsminnemuseum* hinter dem Rathaus kann man erfahren, warum das so ist.

Es war am 9. April 1940, als die deutsche Wehrmacht mit dem „Unternehmen Weserübung" begann, der überraschenden Invasion Norwegens und Dänemarks. Die deutschen Streitkräfte, das weiß man heute, kamen damals nur um Tage Plänen der Engländer und Franzosen zuvor, sich ebenfalls die Nordflanke Europas zu sichern. Es war eine unglaublich risikoreiche Operation, die allererste in der Militärgeschichte übrigens, an der See-, Land- und Luftstreitkräfte gemeinsam beteiligt waren.

Oslo, Kristiansand, Bergen und Trondheim waren im Süd- und Mittelteil Norwegens die Ziele massiver Luft- und Seelandungen deutscher Truppen, im Norden war es Narvik, dessen Erzhafen die Invasoren für Hitlers Rüstungsindustrie sichern sollten.

In der Morgendämmerung des Angriffstages erschienen zehn deutsche Zerstörer im Rombakenfjord und setzten nach einer stürmischen Fahrt entlang der zerklüfteten norwegischen Küste 2 000 Gebirgsjäger, hauptsächlich aus Kärnten und der Steiermark, an Land.

Der militärische Verlauf des „Norwegen-Feldzugs", bei dem die Deutschen mehr als 20 Kriegsschiffe, darunter drei Kreuzer, 90 Flugzeuge und 5 300 Mann verloren, ist anderswo viel detaillierter nachzulesen. Hier soll nur angedeutet werden, wie sehr das Land der tiefen Täler und hohen Berge bei seiner damaligen, heute kaum noch vorstellbaren Wegelosigkeit selbst einer modernen Kriegsmaschinerie, wie die Wehrmacht seinerzeit eine war, ihre Grenzen setzte. Die gut ausgebaute Europastraße 6 zum Beispiel, über die man jetzt bequem von Oslo bis zum Nordkap durchrollen kann, existierte damals noch nicht. Hinter Fauske und Bodø gab es weder Weg noch Steg, und die Truppen kamen zu Fuß nur äußerst langsam voran. Von Blitzkrieg, dem geflügelten Wort der damaligen Zeit, konnte in Norwegen keine Rede sein.

Dennoch hätte die norwegische Gegenwehr gegen die deutsche Übermacht nicht die geringste Chance gehabt, wären nicht die Engländer in Andalsnes und Namsos gelandet. Vielerorts mußten die britischen Soldaten rasch wieder auf ihre Schiffe zurück, bei Narvik aber stand der Kampf lange Zeit auf des Messers Schneide. In den Nebenarmen des Rombakenfjords wurden von englischen Kriegsschiffen alle zehn deutschen Zerstörer zusammengeschossen. Ihre meist geretteten Besatzungen, unversehens von Seeleuten zu Landsoldaten geworden, verstärkten die Gebirgsjäger des Generalmajors Eduard Dietl, der bald Hafen und Stadt Narvik vor den angelandeten englischen, französischen, polnischen und auch bodenständigen norwegischen Kräften räumte und sich in eine Igelstellung an der Bahnline zurückzog. Doch auch dort hätten seine schwachen Kräfte nicht mehr lange durchhalten können, wenn die Alliierten nicht im Juni überraschend abgezogen worden wären. Deutsche Truppen waren nach Frankreich eingedrungen, wo nun die Soldaten viel dringender gebraucht wurden als oberhalb des Polarkreises.

Von da an blieb Norwegen, obwohl mit deutschen Küstenbatterien, Flugplätzen und U-Boot-Stützpunkten vollgepfropft, nur ein Nebenschauplatz des Zweiten Weltkriegs. Die deutschen Besatzer, zunächst meist maßvoll, weil auf „germanische Gemeinsamkeit" bedacht, stießen bei den Norwegern allerdings auf wenig Gegenliebe. Vidkun Quisling, eine Art selbsternannter norwegischer „Führer", fand mit seiner faschistischen Splitterpartei „Nationale Sammlung" nie breite Resonanz beim Volk, obwohl nicht verschwiegen werden darf, daß sich im Laufe des Krieges knapp 4 000 Norweger freiwillig zur Waffen-SS meldeten, um an der Ostfront gegen die Sowjetunion zu kämpfen. Diese Gruppe ist jedoch verschwindend klein im Vergleich mit den Symphatisanten und Anhängern der vom nach England geflohenen König Håkon VII. unterstützten Widerstandsbewegung, deren militärischer Arm *Milorg* am Ende des Krieges über 45 000 Mann zählte.

An der Heimatfront, der *Hjemmefront,* wurde hauptsächlich passiver Widerstand geleistet, aber es gab auch Überfälle auf deutsche Waffentransporte und Sabotage an kriegswichtigen Einrichtungen. Eine Hauptaufgabe der Heimatfront war es auch, Flüchtlinge über die Berge ins benachbarte neutrale Schweden zu schleusen. Ihr größter Coup gelang den Untergrundkämpfern am 27. Februar 1943, als ein Kommando von sechs Mann die deutsche Produktion von schwerem Wasser im Elektrizitätswerk Vemork zerstörte und damit das deutsche Atombombenprogramm um entscheidende Monate verzögerte. Daß der Widerstand an der Heimatfront ein gefährliches Unterfangen war, belegen die Zahlen: 336 Kämpfer wurden während der deutschen Besatzungszeit hingerichtet, 1 530 kamen in Konzentrationslagern um.

Der Krieg und die Besatzungszeit haben tiefe Wunden in das einstmals geradezu herzliche Verhältnis zwischen Norwegern und Deutschen geschlagen. Besonders im Norden Norwegens hat man es den Deutschen lange nicht verziehen, daß sie bei ihrem Rückzug aus der Finnmark, die sie 1944 wegen des Anrückens der Roten Armee räumen mußten, das Prinzip der „Verbrannten Erde" anwendeten und Städte und Dörfer dem Erdboden gleichmachten. Mittlerweile hat man sich einander wieder ange-

Historische Aufnahme von Tromsø, das damals noch nicht durch Brücken mit dem Festland verbunden war.

nähert, wofür unter anderem die Objektivität, mit der im Militärhistorischen Museum von Narvik die Fakten dargestellt werden, ein Beweis ist. Vergessen allerdings will die schmerzlichen Ereignisse von vor über 50 Jahren hier niemand, aber das geht ohnehin nur schlecht: Immer wieder mal werden in den Bergen von Narvik die Leichen von alliierten und deutschen Soldaten gefunden, und wer sich zu Fuß ans äußerste Ende des Rombakenfjords aufmacht, der findet dort gleich hinter einem Umspannwerk der staatlichen Elektrizitätsversorgung noch heute das Wrack eines der zehn deutschen Zerstörer, dessen rostiger Bug wie ein mahnender Zeigefinger kerzengerade in den Himmel ragt.

Die Städte Tromsø und Hammerfest

„Paris des Nordens" nennen es die einen, „das größte Fischerdorf der Welt" die anderen. Manche kommen hierher, um sich an der nördlichsten Universität der Welt einzuschreiben, andere, um sich im nördlichsten Brauereiausschank auf unserem Globus an einem Glas „Mack's Polar Beer" zu laben. In einem aber sind sich die meisten Norweger und ihre Gäste einig: Tromsø mit seinen 47 000 Einwohnern dürfte wohl die landschaftlich am reizvollsten gelegene Stadt des gesamten Königreichs sein.

Im Jahr 1794, als das Monopol der Städte Bergen und Trondheim für den Handel mit dem Norden fiel, wurden der Ansiedlung auf einem langgestreckten, zwischen den Bergen des Festlands und der viel größeren Nachbarinsel Kvalø eingebetteten Eiland die Stadtrechte verliehen. Bald rüsteten die unternehmungslustigen Bürger von Tromsø Fangschiffe für Fahrten ins nördliche Eismeer aus, die vor allem die begehrten Felle von Eisbären und Seehunden zurückbrachten.

Das „Tor zur Arktis" wird die Stadt auch deshalb genannt, weil sie Forschern wie Elling Carlsen und Fridtjof Nansen als letzte Station vor ihren polaren Erkundungsfahrten diente. Roald Amundsen, der Bezwinger des Südpols, brach 1928 von hier aus mit einem Flugzeug zur Suche nach dem mit seinem Luftschiff *Italia* verschollenen General Umberto Nobile auf und ward seither nicht mehr gesehen – wenn man die Statue des großen Forschers, die in einer Parkanlage am Kai von Tromsø noch immer wachen Auges gen Norden blickt, einmal außer acht läßt.

Ob das recht lebhafte Nachtleben der Stadt, das Tromsø den Beinamen „City of Midnight Fun" eingebracht hat, allerdings daher rührt, daß sich die Besatzungen der Forschungsschiffe vor ihrer Fahrt in die öden Wüsten ewigen Eises noch einmal so richtig austoben wollen, ist bisher noch nicht untersucht worden. Bekannt hingegen ist, daß in Tromsø 70 Kneipen, 17 Nachtclubs und 16 erstklassige Restaurants dem Besucher offenstehen und daß über der hübschen Altstadt mit ihren Holzhäusern aus dem 19. Jahrhundert vom 21. Mai bis zum 23. Juli die Mitternachtssonne scheint – was liegt also näher, als in der weltoffensten Stadt Skandinaviens die Nacht zum Tag zu machen und das Angebot zu einem ausgiebigen Kneipenbummel zu nutzen?

Wer es am Tag nach der großen Sause etwas ruhiger angehen lassen will, dem sei eine Fahrt mit der Seilbahn auf den 420 Meter hohen Storsteinen empfohlen, von dem aus man einen herrlichen Blick über Stadt, Sund und umliegende Berge hat. Direkt am Fuß der Berge sieht man ein merkwürdiges Bauwerk aus elf hintereinander angeordneten, dreieckigen Betongiebeln: die 1965 geweihte „Eismeerkathedrale", in der sich ein Fenster mit der größten Glasmalerei der Welt befindet. Gleich hinter der Kirche spannt sich eine 1 036 Meter lange Straßenbrücke über den Tromsøysund hinüber zur Hauptinsel mit der Stadt. Bis 1960, als die Tromsøbrua ihrer Bestimmung übergeben wurde, konnte man Tromsø nur per Schiff erreichen.

Auch heute ist der Wasserweg noch immer die bei weitem schönste Art, sich der „Perle am Eismeer" zu nähern – zumindest dann, wenn es auf einem Schiff der *Hurtigrute* geschieht, die seit über hundert Jahren die wichtigste Schiffsroute Norwegens ist und zwischen Bergen und Kirkenes verläuft.

Heute ist es eine Selbstverständlichkeit, daß die *Hurtigrute* tagtäglich verkehrt, egal bei welchem Wetter. Dabei wird den elf Schiffen, von der kleinen *MS Ragnald Jarl* bis zur hypermodernen, erst 1993 zum hundertjährigen Jubiläum der Linie in Dienst gestellten *MS Kong Harald*, eine ganze Menge abverlangt. Auf weit über 1 000 Fahrten die Küste hinauf und hinunter bringt es ein Hurtigrutenschiff in seinem langen, manchmal bis zu 50 Jahre währenden Leben, das sind etwa drei Millionen Seemeilen oder knapp 140 Erdumrundungen. Daß die schwimmenden Schwerarbeiter dabei auch noch eine blendende Sicherheitsstatistik aufzuweisen haben, verdanken sie ihren guttrainierten Besatzungen, die die schwierigen Fahrwasser an Norwegens zerklüfteter Küste wie ihre eigene Westentasche kennen. Auch wenn durch den forcierten Straßenbau in den vergangenen Jahrzehnten die Bedeutung der Linie als Transportmittel immer mehr zurückgegangen ist, lösen Pläne zur Streichung der beträchtlichen Zuschüsse für das von drei Reedereien gemeinsam betriebene Unternehmen regelmäßig erbitterte Proteststürme im ganzen Land aus.

Dem Individualreisenden, der das Besondere sucht, kann dieses Festhalten der Norweger an ihrer „Lebensader des Nordens" nur recht sein, denn die Schiffe mit dem schwarzen Rumpf sind in ganz Europa ein einzigartiges Beförderungsmittel. In 72 Häfen legen sie auf der Fahrt von Bergen nach Kirkenes an, so daß an Bord ein ständiges Kommen und Gehen dafür sorgt, daß eine kreuzfahrttypische Etikette gar nicht erst aufkommen kann. Auf den Schiffen der Hurtigrute gibt es weder Animateure noch Duty-free-Shops, und auch im Hochsommer kann es schon einmal vorkommen, daß eiskalte Regenschauer auch hartgesottene Naturen von Deck in die Salons jagen. Auf der anderen Seite sorgen die immer wieder wechselnden Reisebekanntschaften, die atemberaubenden Landschaftserlebnisse und nicht zuletzt die gute Stimmung an Bord dafür, daß die sechstägige Reise von Bergen nach Kirkenes zu einem eindrücklichen Erlebnis wird.

Die nächste größere Ansiedlung, die der Dampfer nach Tromsø auf seinem Weg gen Norden anläuft, ist die Stadt Hammerfest, die allerdings nicht mehr viel mit der alten Stadt gleichen Namens zu tun hat. Wie viele andere Orte in Norwegens nördlichster Provinz Finnmark wurde Hammerfest 1944 von den sich vor den Russen zurückziehenden deutschen Truppen dem Erdboden gleichgemacht – als einziges Gebäude blieb eine Grabkapelle auf dem Friedhof stehen. Der Wiederaufbau erfolgte rasch, aber leider auch im nicht gerade ansehnlichen Stil der Nachkriegsjahre. Dennoch ist Hammerfest etwas ganz Besonderes, denn auf Schritt und Tritt spürt man, daß man sich hier in *Verdens nordligste by*, in der nördlichsten Stadt der Welt befindet. Überall in den Straßen meint man, einen Hauch vom Nordpol zu verspüren und man vermutet, daß das Ziel jedes Schiffes, das den Hafen verläßt, mindestens Spitzbergen oder die Barentssee sein muß.

Arktisch geht es auch im *Isbjørnklubben* im Keller des Rathauses zu, wo eine Ausstellung von allerlei arktischen Fanggeräten und ausgestopften Seehunden, Eisbären und Vögeln zu besichtigen ist. In diesem „Eisbärenklub" kann jeder Mitglied werden, einzige Bedingung neben Bezahlung einer Aufnahmegebühr ist, daß man persönlich in den Klubräumen vorstellig wird. Dafür erhält man das Recht, an der Wahl des Vorsitzenden teilzunehmen und die Clubnadel zu tragen, die – wen wundert's? – einen Eisbären darstellt.

Wer Hammerfest im Sommer besucht, wird sich bei der Tag und Nacht am Himmel stehenden Sonne kaum vorstellen können, daß die Stadt 1890 die erste elektrische Straßenbeleuchtung Europas erhielt. Ganz anders sieht es freilich im Winter aus, wenn sich das wärmende Gestirn monatelang unterhalb des Horizonts versteckt hält. Dann ist man um jede Glühbirne froh, welche die schwer auf dem Gemüt lastende Finsternis etwas aufhellt. Nicht umsonst sind die Norweger mit Abstand Weltmeister im Stromverbrauch – was sie sich angesichts ihrer vielen Wasserkraftwerke im ganzen Land auch leisten können.

Der Hafen von Hammerfest, wie es ihn längst nicht mehr gibt: Von der alten Stadt blieb im Zweiten Weltkrieg nur noch eine Grabkapelle auf dem Friedhof stehen.

Vollkommen stockfinster darf man sich allerdings auch die lange Polarnacht nicht vorstellen, denn selbst wenn sie es nicht ganz über den Horizont schafft, so sorgt die Sonne doch ein paar Stunden täglich für einen schwachen, fahlen Schimmer am Himmel. Und dann gibt es auch noch den Mond, die Sterne und das bei wolkenlosem Wetter fast täglich über den Himmel zuckende Nordlicht.

Lange Zeit jagte die mal grünlichweiß, mal rotorange in weiten Bögen über den Nachthimmel ziehende *aurora borealis* den Menschen eine Heidenangst ein. Man deutete das Nordlicht als die Geister von im Kampf gefallenen Kriegern oder als den Widerschein riesiger, silbern blinkender Fischschwärme im Meer, und die Eskimos auf Grönland und in Alaska glaubten sogar, das Nordlicht käme nur deshalb vom Himmel, um mit den Köpfen ihrer Kinder Ball zu spielen.

Natürlich hat die Wissenschaft das Geheimnis des Nordlichts längst gelüftet: Was wir am nächtlichen Himmel bestaunen, sind nichts weiter als elektrisch geladene Teilchen, welche die Sonne zusätzlich zu den sichtbaren Lichtstrahlen permanent hinaus ins All schickt. Wenn dieser Sonnenwind auf das Magnetfeld der Erde trifft, wird er eingefangen und auf den Magnetfeldlinien Richtung Nord- und Südpol gelenkt. Kurz vor ihrem Ziel treten die elektrisch geladenen Teilchen dann in die Erdatmosphäre ein, stoßen dort mit anderen Atomen zusammen und geben bei jedem Aufprall eine winzige Lichtmenge ab. Milliarden und Abermilliarden solcher kleinen Blitze summieren sich schließlich zum Nordlicht oder Südlicht, wie sein Pendant über der Antarktis heißt. Nichts Übernatürliches also, aber wer das Nordlicht zum ersten Mal am tiefschwarzen Himmel sieht, kann sich seiner Faszination ebensowenig verschließen wie der unbekannte samische Dichter aus der Finnmark, dessen wunderbar poetische Zeilen der Nordlichtforscher Sophus Tromholt in seinem 1885 erschienenen Buch „Unter den Strahlen des Nordlichts" aufgezeichnet hat:

Nordlicht läuft, läuft
geschwind, geschwind
Hammerkopf,
Birkenrinde, Schraubefüße,
grün umkränzt,
geschwind, geschwind;
einen ordentlichen Bissen im Mund,
Kuchenhappen in der Hand,
läuft geschwind!

Die Samen, die „Indianer Skandinaviens"

Sie fahren auf langen Booten, schwingen Speere und Äxte, jagen Rentiere, Elche und Bären, tanzen ausgelassen im Kreis, und haben doch schon bis zu gut 6 000 Jahren auf dem Buckel: Die roten Strichmännchen von Alta, die in der Steinzeit von unbekannten Künstlern in den Fels geritzt wurden, stellen mit über 3 000 Einzelzeichnungen das reichhaltigste prähistorische „Bilderbuch" in ganz Skandinavien dar.

Einem Zufall verdankte die Wissenschaft 1973 die Entdeckung dieser einmaligen Bilder, die sich auf 24 nahe beieinander liegenden Stellen über die grauen, vom Gletschereis rundgeschliffenen Felsen am Ufer des Altafjords verteilen. Kein Zufall hingegen ist die Tatsache, daß 20 Jahre später das 1991 hier eröffnete Museum den Europäischen Museumspreis verliehen bekam. Allein schon die parkähnliche Außenanlage hat diese Auszeichnung voll und ganz verdient, und das nicht nur wegen der Einmaligkeit der in die UNESCO-Liste der schützenswerten Kulturgüter aufgenommenen Felszeichnungen. Besonders in hellen Sommernächten, in denen das Museum bis 23 Uhr geöffnet hat, ist ein Spaziergang durch die in voller Blüte stehenden arktischen Wiesen, aus denen immer wieder neue, bildergeschmückte Felsen auftauchen, unbedingt zu empfehlen. Im unwirklich anmutenden Licht der Mitternachtsonne erwachen dann die jahrtausendealten Darstellungen zu phantastischem Leben: Jäger spannen ihre Bogen und zielen auf Elche mit detailliert gezeichneten Kälbern im Bauch, Fischer legen extrem lange Angeln aus, und Rentierzüchter treiben ihre Herden mit wild fuchtelnden Armen in große Gehege zusammen.

„Wie sich die Bilder gleichen", denkt man unwillkürlich, wenn man später im modernen Museumsgebäude einen Videofilm über die Samen sieht, die Ureinwohner des skandinavischen Nordens. 30 000 Menschen dieser finno-ugrischen Rasse leben heute auf norwegischem Territorium, von denen etwa 2 000 noch die traditionelle Rentierzucht betreiben. Wie eh und je werden die vom Wildren abstammenden Tiere vor dem Treck ins binnenländische Winterquartier in große Umzäunungen getrieben. Aus der dort ständig im Kreis herumjagenden Herde werden dann bestimmte Tiere kunstvoll mit dem Lasso herausgefangen und meist an Ort und Stelle geschlachtet. Rentierfleisch ist begehrt, und wenn sie von den vergleichsweise üppigen Sommerweiden an der Küste kommen, haben die halbzahmen Tiere meist ordentlich zugenommen.

Noch heute läßt sich von der Rentierzucht nicht schlecht leben, auch wenn sie für die Samen längst nicht mehr das ist, was sie noch im vorigen Jahrhundert war. „Der Lebensunterhalt des Fjellappen", so steht es in einer norwegischen Heimatkunde von 1848 zu lesen, „sein Stolz, sein Reichtum, seine Freude ist das Ren. Besitzt er einige Hunderte davon, so hat er den Gipfel des Glücks erreicht."

Mittlerweile allerdings benötigt der Rentierzüchter noch ein paar andere Dinge, um rundum glücklich zu sein: Längst werden die Herden vom Hubschrauber aus überwacht und im Sommer mittels knatternder Geländemotorräder zusammengetrieben – im Winter dienen zu diesem Zweck nicht minder laute Schneemobile, die außerdem den von einem Ren gezogenen Schlitten als Beförderungsmittel weitgehend verdrängt haben. Satellit und Computer helfen dabei, die letzten Vorkommen der durch Überweidung langsam knapp werdenden Rentierflechte aufzuspüren, und wenn der Hirte des ausgehenden 20. Jahrhunderts seine Tiere für die Sommermonate auf eine der zahlreichen Inseln vor der Küste bringt, läßt er sein lebendes Kapital nicht mehr wie früher hinüberschwimmen, sondern von Landungsbooten der norwegischen Marine übers Wasser setzen.

In ihre traditionellen Zelte begeben sich die Samen heute nur noch, wenn sie mit ihren Herden unterwegs sind. Und natürlich für die Touristen, denen sie an der Straße zum Nordkap neben allem möglichen Schnickschnack Rentierfelle und die berühmten Samenmesser verkaufen. In diesen allenthalben anzutreffenden Verkaufscamps kann man noch am ehesten die berühmte rotblaue Tracht der Samen mit ihren farbenfrohen, hohen Mützen bewundern, und die Kinder dürfen zahmen, angebundenen Rentieren übers dichte Fell streicheln.

Auch wenn man sie die „Indianer Skandinaviens" nennt, ging den Samen der kriegerische Kampfgeist ihrer nordamerikanischen Namenspatrone gründlich ab – eine Eigenschaft, die den seit dem Mittelalter immer weiter nach Norden vorrückenden Skandinaviern gerade recht kam: So wurden die Lappen, wie man die Samen damals wegen ihrer angeblich nur aus Lumpen bestehenden Kleidung abfällig nannte, mit ziemlich rüden Methoden von den fischreichen Küsten in die öde Tundra gedrängt. Auf der Suche nach Erzen wühlte man in ihren heiligen Bergen, und eifernde Missionare verboten ihnen ihre auf dem Glauben an Schutz- und Naturgeister, an Waldgötter und Fischmenschen basierende Religion. Jahrhundertelang ließen die Samen den auf sie ausgeübten Assimilierungsdruck mit stoischer Ruhe über sich ergehen und erhoben sich nur ein einziges Mal, im November 1852. Damals erstürmten etwa 30 mit Messern und Knüppeln bewaffnete Samen die Kirche in Kautokeino, verprügelten den Pfarrer und erstachen den Ortspolizisten, den Amtmann und einen Pelzhändler. Nachdem die Anführer des Aufstandes hingerichtet und ihre Gefolgsleute zu langen Haftstrafen verurteilt

worden waren, herrschte für über hundert Jahre wieder Ruhe im Samenland.
So rechnete die norwegische Regierung auch nicht mit nennenswertem Widerstand der Bevölkerung, als sie in den siebziger Jahren am Fluß Altaelva bei Alta den Bau eines Staudamms nebst Elektrizitätswerk plante. Aber die Herren in Oslo hatten sich getäuscht, denn in der Finnmark erhob sich auf einmal lautstarker Protest gegen die 110 Meter hohe Staumauer, die neben dem größten Canyon Europas auch ein ganzes samisches Dorf unter Wasser setzen sollte. Die Samen, die jahrhundertelang praktisch tatenlos zugesehen hatten, wie ihre Kultur scheibchenweise norwegisiert wurde, legten nun ein nie gekanntes Selbstbewußtsein an den Tag: Abordnungen aus der Finnmark traten vor dem Parlament in Oslo in den Hungerstreik, und als im Winter 1981 dann doch die Bagger anrückten, ketteten sich 900 Staudammgegner – darunter viele Samen – bei minus 30 Grad Celsius aneinander und konnten erst von einer schwerbewaffneten Polizeieinheit mit Bolzenschneidern nacheinander losgetrennt und fortgeschleppt werden.
Der Kampf gegen das Elektrizitätswerk von Alta (das übrigens, wie sich heute herausstellt, zur Stromerzeugung in der Region überhaupt nicht benötigt wird) war für die Samen eine verlorene Schlacht, die sich aber im nachhinein als Sieg herausgestellt hat. Beeindruckt von der Entschlossenheit, die die samischen Autonomiestreiter demonstriert hatten, gab die norwegische Regierung nach den Vorfällen um Alta grünes Licht für die Bildung eines seit langem geforderten eigenen Samenparlaments. Im Jahr 1989 wurde dieses *Sameting* zum ersten Mal gewählt. König Olav reiste eigens zur im landesweiten Fernsehen übertragenen Eröffnungszeremonie nach Karasjok, bei der die international bekannte samische Sängerin Mari Boine zur Feier des Ereignisses den *Joik*, einen uralten Schamanengesang, anstimmte.
Während die norwegischen Politiker in Oslo seither nicht ganz zu Unrecht stolz auf diese in ihren Augen vorbildliche Minderheitenpolitik sind, sehen kritische Samen die Situation ihres Volkes weitaus weniger rosig.
So hat das Sameting nach wie vor lediglich beratende Funktion für das Osloer Reichsparlament, das immer noch über Wohl und Wehe der Samen entscheiden kann. Die samische Sprache, dem Finnischen noch eher verwandt als dem Norwegischen, wird zwar mittlerweile endlich in der Schule gelehrt, hat aber nach wie vor einen schweren Stand, zumal es immer noch zu wenig in samisch verfaßte Literatur gibt. Hinzu kommt, daß es der Finnmark, wie auch den übrigen Gebieten im hohen Norden, wirtschaftlich alles andere als gut geht und viele Samen ihre Heimat notgedrungen in Richtung Süden verlassen.

Lange Zeit lebten die Samen, die Ureinwohner Nordskandinaviens, praktisch rechtlos am Rande der norwegischen Gesellschaft. Heute haben sie immerhin ein eigenes Parlament, das in Karasjok in der Finnmark tagt.

Besonders junge Leute folgen dem Ruf der großen Städte und verlernen in Oslo, wo längst die größte Samengemeinde des Landes zu Hause ist, oft die jahrtausendealte Kultur, auf die sich ihr Volk erst seit wenigen Jahrzehnten wieder so richtig besonnen hat.

Das Nordkap – lohnt sich die lange Fahrt?

„Hier bin ich auf dem Nordkap, auf dem äußersten Punkt der Finnmark, und ich könnte ebensogut sagen: dem äußersten der ganzen Welt, da es keine Stelle weiter im Norden gibt, die von Menschen bewohnt ist. Mein Wissensdurst ist jetzt befriedigt, und ich werde nach Dänemark zurückkehren und, so Gott will, auch in mein Vaterland."
Nein, das sind nicht die Worte eines heutigen Nordkap-Touristen, der nach über 2 000 Kilometern auf Norwegens Straßen endlich das Ziel seiner Reise gesehen hat und nun – womöglich noch mit einem dicken Wohnwagen im Schlepp – beruhigten Gewissens die ganze Strecke wieder zurückfahren kann. Der Mann, der diese Gedanken niederschrieb, war vielmehr einer der wenigen Menschen, die für sich allein den Blick von Europas berühmtestem Kap hinaus aufs Nordmeer schweifen lassen konnten.
Francesco Negri hieß der Franziskanermönch, der 1663 aus dem warmen Ravenna zu jenem geheimnisumwitterten Felsen im äußersten Norden Europas aufbrach, der 110 Jahre zuvor von den englischen Kapitänen Richard Chancellor und Stephen Borough als *North Cape* auf den Seekarten eingezeichnet worden war. Für Negri war die Reise,

für die sich heutige Kilometerfresser von Oslo aus gerade mal ein paar Tage Zeit nehmen, ein zweijähriges Unternehmen mit vielen Irrwegen, kaum nachvollziehbaren Strapazen und phantastischen Abenteuern. So berichtet er in seinem 1700 erschienenen Buch *Viaggio Settentrionale fatto e descritto dal molto Rev.Sig.D. Francesco Negri da Ravenna* unter anderem davon, wie er auf dem Weg nach Norden in Stockholm mittels einer Taucherglocke nach dem Wrack von König Gustav Adolfs untergegangener *Wasa* suchte und wie er – wohl als erster Italiener überhaupt – bei den Samen das Skilaufen erlernte und damit, ohne es zu wissen, zum Urahn des Ski-Idols Alberto Tomba wurde.
Vielleicht war Negris Buch, das bis 1929 immerhin fünf Neuauflagen erlebte, einer der Auslöser für den bis heute nur schwer zu erklärenden Drang, zum Nordkap zu reisen, der nun schon seit Ende des 18. Jahrhunderts unvermindert anhält.
In der riesigen neuen Nordkap-Halle, die seit ein paar Jahren den einstmals einsamen Felsen besetzt hält wie ein von Außerirdischen abgesetzter Vergnügungspalast, werden in einem kleinen Museum die Erinnerungsstücke an diverse reiselustige Monarchen aufbewahrt, die als erste vom Nordkap-Bazillus befallen waren: Da steht zum Beispiel eine Nachbildung der Büste, die der französische „Bürgerkönig" Louis Philippe in dankbarer Erinnerung an seinen Kap-Besuch im Jahr 1795 gestiftet hat. Noch heute munkelt man, daß Louis Philippe, der sich für seine Nordlandfahrt den schlichten Namen „Müller" zugelegt hatte, mit den Frauen der Finnmark diverse Nachkommen gezeugt haben soll.
Vom schwedischen König Oscar II., der am 2. Juli 1873 dem Nordkap die Ehre gab, läßt sich derart Pikantes nicht berichten, dafür erinnert ein im Freien stehender Obelisk aus rotem Marmor an dessen allerhöchsten Besuch. Der weitaus exotischste gekrönte Gast machte am 12. Juli 1907 mit der englischen Jacht *Albion* an der Küste unterhalb des Kaps fest: König Chulalongkorn von Siam (dem heutigen Thailand) war von der legendären Mitternachtssonne so angetan, daß er unverzüglich seinen Matrosen den Befehl gab, seine Initialen in einen großen Stein zu meißeln. In der Zwischenzeit wurde dieser Felsen mit dem königlichen Graffiti von der Nordkap-Halle überbaut und ist heute der Mittelpunkt einer asiatisch-prunkvollen Museumskapelle direkt neben der lärmenden Cafeteria. Hier kann man nicht nur ein Bild des Monarchen mit Halstuch und Schirmmütze bewundern, sondern auch ein von Majestät höchstpersönlich verfaßtes Reisebuch mit dem bezeichnenden Titel *Klai Ban* – Weit weg von daheim.
Wie alle anderen Kap-Besucher seiner Zeit auch, mußte Chulalongkorn noch einen beschwerlichen Fußmarsch hinauf aufs immerhin 307 Meter hohe Kap unternehmen. Diese schweißtreibende Kletterei hatte erst 1956 ein Ende, als die Straße vom Fährhafen Honningsvåg quer über die Insel Magerøya gebaut und damit das Nordkap endgültig dem Massentourismus erschlossen wurde. Seither suchen jährlich über 100 000 Schaulustige das einstmals zur Besinnung mahnende Fleckchen Erde heim, berappen allein schon für die Einfahrt in den Parkplatz stolze 100 Kronen und fragen sich hinterher zumeist, ob sich das Ganze nun wirklich gelohnt hat. Wegen der Souvenirläden mit allem nur erdenklichen Nordkapkitsch sicher nicht, und bestimmt auch nicht wegen der überfüllten Restaurants und Bars in der teilweise tief in den Felsen gesprengten Halle, in der sich zu Spitzenzeiten die ganze Skala deutscher Dialekte mit dem babylonischen Gewirr anderer europäischer Sprachen mischt. Und die vielgepriesene Mitternachtssonne, von der sich noch die Nordkap-Touristen des vorigen Jahrhunderts durch ein extra mitgebrachtes Vergrößerungsglas ein Loch in die Kleidung brennen ließen, versteckt sich ohnehin zumeist im nicht nur bei den Seefahrern berüchtigten Nordkap-Nebel.
Was die Fahrt hinauf in den hohen Norden Europas dennoch empfehlenswert macht, ist die Landschaft der kargen, fast vegetationslos erscheinenden Insel Magerøya. Am Rand der Straße, die sich wie ein Fremdkörper durch diese arktische Urlandschaft zieht, stehen flechtenäsende Rentiere und ab und zu ein paar einsame, mit Plastikfolie notdürftig vor der Nässe geschützte Samenzelte, in denen ausnahmsweise mal keine Souvenirs verkauft werden. Nirgendwo auf unserem Kontinent kann man den „Schrecken des Eises und der Finsternis" polarer Regionen auf dem Landweg näher kommen als hier. Den Besuch des Nordkaps selbst könnte man sich da eigentlich fast schenken, zumal es, entgegen landläufiger Ansicht, gar nicht der nördlichste Punkt Europas ist – der befindet sich nämlich auf der eineinhalb Kilometer weiter westlich gelegenen Landspitze Knivskjelodden. Er liegt mit 71 Grad, 10 Minuten und 27 Sekunden sechs Winkelsekunden näher am Nordpol als das berühmte Kap, ist nur über einen Fußpfad zu erreichen und fast immer menschenleer.

Svartisen, schwarzes Eis, heißt der Gletscher, vor dessen Østerdalsisen genannter Zunge arktisches Wollgras blüht.

Die düstere Klippe am
Ende der Welt: das
Nordkap durch ein Felstor
bei Skarsvåg gesehen.

Aus weiten, einsamen Tälern ragen unvermittelt schroffe Bergspitzen: das Signaldalen mit dem Otertind.

Idylle abseits der großen Straßen: Blockhütte und Boote am Kåfjord.

Im Kåfjord, wo heute Sportboote friedlich dümpeln, versteckte sich während des Zweiten Weltkriegs das 1944 von englischen Bombern versenkte deutsche Schlachtschiff Tirpitz.

Mitternacht am Kvænangenfjord – auch im Spätsommer wird es hoch oben im Norden nie richtig dunkel. Mit einem orangen Schimmer am Horizont macht die Sonne auch nachts auf sich aufmerksam.

Die eigentümlich geformte Mütze aus farbenprächtiger Wolle gehört zur traditionellen Tracht der Samen ebenso wie der reiche Silberschmuck.

Verkaufsstand Samenzelt:
Am Rand der Straßen
handeln die „Indianer des
Nordens“ mit
Rentierfellen und
Souvenirs.

Dieses Boot am Porsangerfjord geht wohl so rasch nicht mehr auf Fischfang – ein Symbol für den Niedergang eines ganzen Berufsstandes. Seit das Meer auch vor Norwegens Küsten in zunehmendem Maße leergefischt wird, bleiben immer mehr kleine Fischerboote endgültig im Hafen.

Stockfisch, das Gold des Nordens: Wie an diesem Gestell im Lyngenfjord dörrt im Frühjahr überall im Norden Kabeljau in der Sonne. Jeweils zwei Fische werden am Schwanz zusammengebunden und über einen Stock gehängt – daher auch ihr Name.

Schnee auf den höchsten Bergen des fernen Nordens, Sonne auf dem Wasser – Landschaft mit Fischerboot am Lyngenfjord in der Provinz Troms.

Eine Wolkendecke reißt auf und gibt den Blick auf die Mitternachtssonne frei. Das norwegische Wetter ist launisch und wechselt rasch – deshalb ist zumindest an der Küste Dauerregen eher selten.

Eine dünne Eisdecke am Varangerfjord – auch im Frühling ist Nachtfrost hoch im Norden keine Seltenheit.

Wasser und Land vielfach miteinander verzahnt: Morgenstimmung am Kvænangenfjord.

Der Herbst überzieht die etwas melancholische Landschaft der Finnmark mit einem bunten Blätterkleid. Wenn sich die Blätter der Birken gelb färben, steht der Winter vor der Tür.

Eine Traumlage, nicht nur für Fischer, hat diese Hütte an der Reichsstraße 17.

Im Spätsommer leuchten auf dem Fjell und am Fjord unzählige Beeren aus dem frischen Grün des Grases und dem Grau der Felsen.

Die Blumenwiesen des arktischen Sommers – wie hier südlich von Tromsø – haben zur Zeit der Mitternachtssonne täglich 24 Stunden lang Licht.

Wohnlichkeit am Rande des Eises: Geradezu winzig wirkt angesichts des mächtigen Svartisen-Gletschers dieses traumhaft schön gelegene Haus.

Inseln des Fischs und der Mitternachtssonne

Die Lofoten – ein Klettergarten über dem Meer

„Das Lofotgebirge beginnt sich blau zu färben. Ich weiß nicht, was schöner ist – entweder wenn du es in der Ferne liegen siehst wie eine einzige, tiefblaue Mauer mit tausend Türmen darauf (...) oder wenn du dich ihm näherst und siehst, wie die Mauer sich öffnet, wie jeder Gipfel ein eigener Berg wird, einer wilder als der andere.“

Noch heute wird der Reisende, der sich auf der Autofähre den Lofoten nähert, Bjørnstjerne Bjørnson recht geben, der diese Zeilen 1896 schrieb. Fast jeder, der die Inselgruppe vor der Küste der Provinz Nordland besucht hat, weiß nicht so genau, was ihn eigentlich mehr fasziniert: Der Blick von der See aus auf die wild gezackten Berge, die so unvermittelt aus dem Wasser ragen wie die Überreste eines noch nicht vollständig versunkenen Atlantis, oder der von ebendiesen Bergen hinaus aufs oft wildbewegte Meer mit seinen unzähligen großen und kleinen Felseninseln?

Auch sonst machen die Lofoten einem die Entscheidung zwischen Meer und Gebirge nicht leicht. Mittlerweile werden sie nicht nur wegen des Fischreichtums ihrer Gewässer geschätzt, sondern auch wegen der phantastischen Klettermöglichkeiten hoch über der bei Sonnenschein blauglitzernden See. Selbst erfahrene alpine Felsgänger bekommen leuchtende Augen, wenn sie vom Westpfeiler des *Presten* erzählen, vom *Solens Sönner* oder dem mächtigen *Vågakallen,* dem „Matterhorn der Lofoten“. Mit ihren fast senkrechten Wänden sind diese abenteuerlich-anspruchsvollen Kletterfelsen auf keinen Fall für unerfahrene Halbschuh- oder Gummistiefeltouristen geeignet. Aber auch solche finden in den Bergen der Lofoten, die übrigens zum großen Teil aus den drei Milliarden Jahre alten Gesteinen Granit und Gneis bestehen, genügend Wanderwege, von denen aus sie ohne Gefahr die wunderbare Aussicht über die „magischen Inseln“ genießen können. Besonders im Sommer, wenn von Mai bis Juli die Sonne nicht mehr untergeht, kann man hier Bergtouren der ganz besonderen Art unternehmen. Rund um die Uhr findet man Weg und Steg, und von oben betrachtet ist der Sonnenball, der mitten in der Nacht über den Horizont dahinwandert, noch eindrucksvoller. Allerdings kann man dieses Schauspiel nicht jeden Tag zu Gesicht bekommen. Gerade weil die Lofoten so hohe Berge aufweisen, können sich hier die von Westen kommenden Wolken besonders gut abregnen. Die Wolken bringen nicht nur die Feuchtigkeit, sondern auch dramatische Wetterstimmungen, wie man sie sonst in dieser Form eigentlich nur noch an der Westküste von Irland findet. Schlagartig, von Minute zu Minute, können sich hier Beleuchtung und Stimmung ändern, bricht die Sonne durch noch vor wenigen Augenblicken undurchdringlich erscheinendes Gewölk und jagt es, unterstützt vom frischen Seewind, in dunklen Fetzen um die Gipfel der Berge, die aus der weißen Watte herausragen wie schwarze Haifischflossen aus einem bewegten Meer.

Wen ein plötzlicher Schauer bis auf die Knochen durchnäßt hat, wird froh sein, wenn er wieder seine trockene Unterkunft erreicht. Wenn diese dann noch eine für die Lofoten typische *Rorbu* ist, dann kann er, während er im gußeisernen Ofen ein wärmendes Feuer entzündet, am eigenen Leib ein wenig nachfühlen, was solche Hütten in früheren Zeiten für die Lofotfischer bedeutet haben.

Die Urtypen dieser nur auf den Lofoten und Vesterålen weit verbreiteten Holzbauten ließ, so heißt es, der von 1103 bis 1123 regierende König Øystein I. Magnusson errichten. Der Herrscher mit Herz für seine Untertanen wollte damit den von weither gereisten Fischern, die bis dahin nicht selten am Strand neben ihren Booten schliefen, Schutz vor Wind und Wetter bieten. Wenn die Rorbuer (von *Ror* = Ruderer und *Bu* = Hütte) auch heute längst nicht mehr in der Mitte eine offene Feuerstelle haben wie zu König Øysteins Zeiten, so bieten sie doch eine der ursprünglichsten und urigsten Arten, in Norwegen Urlaub zu machen.

Im Jahr 1903, in dem auch dieses Photo entstand, erhielt der Dichter Bjørnstjerne Bjørnson (1832–1910) als erster Skandinavier den Literaturnobelpreis.

Weil auf den Lofoten vielerorts zwischen Meer und Felswand nur wenig Platz ist, stehen einige von ihnen auf Pfählen im Wasser, und wenn nachts nur wenige Meter unter dem Holzfußboden die Wellen plätschern, haben ihre Bewohner nicht selten das Gefühl, in einer merkwürdigen Kreuzung aus Fischerboot und venezianischem Palazzo zu leben.
Der in die UNESCO-Liste der erhaltenswerten Kulturdenkmäler aufgenommene Fischerort Nusfjord auf der Insel Flakstadøy besteht fast nur aus solchen Rorbuer, von denen die meisten noch aus dem 19. Jahrhundert stammen.
Wer auf Stegen aus knarzenden Holzplanken um den kleinen, U- förmigen Hafen mit seinem klaren, blauleuchtenden Wasser herumwandert und ab und zu einen Blick in die meist offenen Türen und Fenster der Rorbuer riskiert, findet drinnen häufig den „Königsdorsch", einen Kabeljau mit besonders ausgeprägtem Kopf und hoher Stirn, wie er unter Tausenden von Fischen nur einmal vorkommt. An der Decke aufgehängt, dient er seit Jahrhunderten als eine Art Barometer. Zwar haben Wissenschaftler längst herausgefunden, daß sich der Königsdorsch nur deshalb dreht, weil der Wollfaden, mit dem er an der Decke befestigt ist, sich je nach Feuchtigkeitsgehalt der Luft entweder dehnt oder zusammenzieht, aber noch heute richten sich manche Fischer lieber nach dem bräunlich verschrumpelten Trockenfisch als nach den Vorhersagen des Wetterberichts.
Außerhalb der Fisch- und Touristensaison wirkt Nusfjord, in dem ganzjährig nur noch etwa 75 Einheimische leben, sehr ruhig und friedlich und fast ein wenig ausgestorben. Das allerdings ändert sich schlagartig, wenn im Januar scharenweise Fischer aus Norwegen und der ganzen Welt zum berühmten Lofot-Fischfang kommen. Überall auf den Inseln, deren weißbestäubte Berghänge im trübschwachen Winterlicht zu dieser Jahreszeit nicht gerade einladend wirken, steigen dann abends die Rauchfahnen aus den Kaminen der Rorbuer, und in aller Frühe macht sich eine Armada von Booten auf den Weg, um im Vestfjord zwischen Inseln und Festland nach Kabeljau zu fischen.
Dieser bis zu eineinhalb Meter lange und bis zu 40 Kilogramm schwere Fisch, in jungen Jahren auch Dorsch genannt, ist ein ausgesprochen wanderfreudiger Geselle. Normalerweise in der Barentssee unterhalb des Nordpols zu Hause, zieht er im Winter in riesigen Schwärmen nach Süden. Vor den Lofoten und den Vesterålen, wo sich das kühle Süßwasser aus Flüssen und Bergbächen mit dem relativ warmen Wasser des Golfstroms vermischt, findet er einen idealen Laichplatz. Drei Millionen Eier legt ein Kabeljauweibchen hier ins Wasser, bevor es sich auf den Rückweg in die Barentssee macht, der allerdings recht häufig in einem Fischernetz oder an einem Angelhaken ein baldiges Ende findet. Früher, als die Meere noch nicht so überfischt waren wie heute, wimmelte es zwischen Januar und April in den Lofotgewässern nur so von Fischen. Und wenn so ein Kabeljauschwarm sich dann auch noch in einem engen Seitenfjord verschwamm und keinen Ausgang mehr fand, sah man vor glänzenden, zappelnden Fischleibern fast kein Wasser mehr.
Zu Hunderten ruderten Boote heran und warfen die Netze aus, die sofort wieder, bis zum Platzen gefüllt, eingezogen wurden. Handelsschiffe dampften heran und kauften den Fischern noch auf dem Wasser ihren Fang ab, und auch an Land warteten Fischhändler auf den reichhaltigen Segen, der direkt vom Boot einfach auf den Strand gekippt wurde. Oft kam es bei diesen Fangorgien zu tätlichen Auseinandersetzungen zwischen Netz- und Angelfischern, die sich gegenseitig ins Gehege kamen und die Gerätschaften zerstörten – ein Kampf, der später an Land nach dem Genuß von etlichen Schnäpsen gefährlich eskalieren konnte.
Kein Wunder also, daß früher auf den Lofoten während der Kabeljausaison eigens Sondergerichte eingerichtet wurden, die sich über Mangel an Arbeit nicht beklagen konnten – immerhin stürmten in Spitzenjahren bis zu 30 000 Fischer die Inseln. Bis zu 20 Mann hausten damals in einer Rorbu, wobei sich mehrere Fischer ein Bett teilen mußten. Die Kneipen waren ständig überfüllt und verlangten Wucherpreise, ebenso wie die Lebensmittelgeschäfte und die Läden, in denen die Fischer ihre kaputtgegangene Ausrüstung ergänzten.
Heutzutage, wo je nach Saison nur noch zwischen 2 000 und 4 000 Fischer zum Kabeljaufang auf die Lofoten kommen, geht es weitaus entspannter zu. Dafür sind aber auch die Erträge dramatisch zurückgegangen: Wurden im Rekordjahr 1947 noch 146 Millionen Kilogramm Kabeljau aus dem kalten Wasser gefischt, so waren es 1988 nur noch traurige elf Millionen. Inzwischen haben sich die arg dezimierten Bestände dank strenger Quotenregelungen etwas erholt, und so konnten 1993 wieder 32 Millionen Kilogramm Fisch in den Häfen der Lofoten angelandet werden.
Damals wie heute werden die ungeheuren Mengen Kabeljau gleich nach dem Fang auf den Inseln weiterverarbeitet. Noch an Bord wird ihnen die Hauptschlagader durchtrennt, damit sie ausbluten. An Land werden sie dann ausgenommen, geköpft und gereinigt. Schließlich werden je zwei gleich lange Fische an den Schwanzflossen zusammengebunden und dicht an dicht über bis zu fünf Meter hohe Holzgestelle gehängt, wo sie dann drei Monate lang im nicht zu warmen, aber auch nicht zu kalten Frühjahrswind trocknen. Wer zwischen April und Juni die Lofoten bereist, wird den ganz eigentümlichen, ein wenig an Trockenfutter für Hunde erinnernden Geruch von dörrendem Fisch wohl nie mehr vergessen.

Fischerboote, Rorbuer und schneebedeckte Berge – im Hafen von Reine auf den Lofoten kann man eine solche Szenerie auch heute noch in ähnlicher Form entdecken.

Nach einem harten Tag auf See war für die Fischer um die Jahrhundertwende die Arbeit noch immer nicht getan: Stundenlang mußten dann noch Netze geflickt oder, wie auf diesem Bild, Angelschnüre für den neuen Fang vorbereitet werden.

Trockenfisch auf den Lofoten. Dahinter der Mastenwald der Fischerboote im Hafen von Svolvær.

Wenn der Stockfisch – er hat seinen Namen von den aus Holzstöcken bestehenden Trockengestellen – den richtigen Grad der Trocknung erreicht hat, wird er abgenommen, nach Qualitätsklassen sortiert und in Bündeln zu je 50 Kilogramm in Jutesäcke eingenäht. Fast der gesamte Fisch der Qualitätsklasse eins wird nach Italien exportiert, wo er in Genua und Neapel nach wie vor als gern gegessene Delikatesse gilt. Der Rest und die ebenfalls an gesonderten Gestellen getrockneten Fischköpfe gehen nach Afrika. Dort werden sie mit Gemüse und rotem Pfeffer gekocht und als eiweißreiche Mahlzeit hoch geschätzt. Interessanterweise verliert das „Manna des Nordens", das schon die Wikinger mit auf ihre weiten Reisen nahmen, beim Trocknungsvorgang hauptsächlich das Wasser – die Vitamine und Spurenelemente des frischen Kabeljaus bleiben hingegen weitgehend erhalten.

Walsafaris und Walfang

Mit im Leerlauf tuckerndem Dieselmotor dümpelt die *Strømstad* nun schon gut zehn Minuten in der graugrünen Dünung, deren langgestreckte Wellen das bullige Schiffchen in eine nicht eben magenfreundliche Schaukelbewegung versetzen.

Seit der Skipper 15 Seemeilen von der Nordspitze der Insel Andøya entfernt den Motor gedrosselt und das Schiff ohne eigenen Vortrieb den Wellen ausgeliefert hat, hängen etliche der 40 Passagiere mit verdächtig weichen Knien an der Reling und hoffen, daß die prophylaktisch geschluckten Tabletten gegen Seekrankheit ihre Wirkung tun. Um sich abzulenken, putzen sie noch einmal die Linsen ihrer Ferngläser und Photoapparate oder heften den Blick an die graue Linie des Horizonts, der sich irgendwo in der Endlosigkeit des Meeres zu verlieren scheint.

Auf einmal zerreißt eine Stimme aus dem Krähennest hoch oben am Mast die Stille an Deck. „There she blows!" ruft Thorsten, der im orangeroten Wärmeoverall seit einer halben Stunde oben in der Ausgucktonne steht, auf Englisch mit unverkennbarem Ruhrpott-Akzent. „Ein Wal. Backbord. Auf 20 Grad!" Wie auf Kommando erwacht das Schiff aus seiner Lethargie. Der Skipper legt den Gashebel nach vorn, die *Strømstad* nimmt Fahrt auf, und Dutzende von Feldstechern und Teleobjektiven richten sich auf die Stelle, wo in einiger Entfernung eine Wasserfontäne aus dem Meer steigt.

Sie stammt von einem Pottwal, der etwa eine viertel Seemeile neben der jetzt mit voller Kraft auf ihn zuhaltenden *Strømstad* an die Oberfläche gekommen ist und weithin sichtbar durchschnauft. Der gut 15 Meter lange Meeressäuger hat sich seine Pause redlich verdient. Schließlich kommt er ja von einem fast halbstündigen Tauchgang zurück, der ihn über 1 000

Der Walfang war in früherer Zeit ein hartes, gefährliches, aber auch sehr lohnendes Geschäft.

Meter tief unter die Wasseroberfläche geführt hat. Hier, wo vor der Inselgruppe der Vesterålen der Rand des Kontinentalsockels steil nach unten abfällt und der warme Golfstrom nährstoffreiches Tiefseewasser nach oben drückt, gibt es viele Tintenfische – und die sind nun mal die Leibspeise der Pottwale. Die reichen Jagdgründe vor Norwegens Küsten locken jeden Sommer ganze Rudel von diesen größten Zahnwalen der Welt an, übrigens ausschließlich männliche Tiere, die Weibchen und Jungtiere in den warmen tropischen Gewässern zurücklassen und sich auf „Herrenpartie" in den hohen Norden begeben. Daß sie vor der Insel Andøya der Küste näher kommen als irgendwo sonst in Europa, brachte Mitte der achtziger Jahre eine Gruppe von Biologen, Künstlern und Journalisten auf die Idee, in dem Ort Andenes ein Walzentrum mit Museum einzurichten und von dort aus Walsafaris für Touristen zu veranstalten. Aus den wenigen hundert Besuchern, die in der ersten Saison 1988 zum „Whale-Watching" kamen, sind mittlerweile über 8 000 im Jahr geworden, Tendenz steigend. In der Hochsaison laufen die *Strømstad* und ein zweites Schiff des Walzentrums zweimal täglich mit bis zu 80 Touristen an Bord aus. Wer auf dem halbtägigen Trip, für den man umgerechnet etwa 130 Mark hinblättern muß, keinen von Moby Dicks Vettern zu Gesicht bekommt, darf am nächsten Tag kostenfrei noch einmal mit hinaus – ein Grund mehr für so manchen von Seekrankheit geplagten Walfreund, sich bereits auf dem ersten Trip sehnlichst eine Begegnung mit dem größten Säugetier der Welt herbeizuwünschen.

Für die Gruppe auf der *Strømstad*, die jetzt, ein paar dutzend Meter vor dem eben gesichteten Wal, das Tempo wieder gedrosselt hat und sich dem imposanten Tier in langsamer Schleichfahrt nähert, hat das Warten ein Ende. Niemand sagt ein Wort, nur Photoapparate klicken, und die roten Aufnahmelichter an den Videokameras blinken, während der lange, dunkelgraue Körper des Wals wie ein halb aufgetauchtes U-Boot die Sucher füllt. Eine Welle schwappt über seinen mächtigen Rücken und läßt ihn wie eine Glashaube glänzen. Vom Kopf sieht man nur zwei große, schwarze Nasenlöcher, aus denen der Wal ab und zu eine feuchte Wolke in die Luft pustet und ein tieftönendes, schnaubendes Atemgeräusch hören läßt, das ganz aus der Tiefe seines massigen Leibes zu kommen scheint.

„Normalerweise lassen sie sich von uns nicht stören", erklärt Tine vom Walzentrum, nachdem sie die Position des Wals gewissenhaft auf einem Formblatt vermerkt hat. „Manche Wale sind sogar neugierig und schwimmen auf die Boote zu, aber die meisten ruhen sich nur aus, bevor sie wieder in die Tiefe gehen."

Allzuoft, so erfährt man weiter, sollte ein und derselbe Wal in der Saison allerdings nicht von einem Touristenboot angefahren werden, sonst artet auch diese friedliche Begegnung mit dem Menschen für die sensiblen Tiere zum Streß aus. „Fünf- bis sechsmal pro Sommer ist okay“, meint Tine, „das nehmen die meisten Wale gelassen hin.“ Auch unseren Meeressäuger, neben dem die *Strømstad* jetzt mit gestoppter Maschine nicht einmal zwei Meter entfernt im Wasser liegt, läßt seine Rolle als Photomodell anscheinend ziemlich kalt. Nur die Pausen zwischen seinen Atemzügen werden mit der Zeit immer kürzer, ein untrügliches Zeichen dafür, daß er sich für eine neuerliche Tintenfischjagd Luft in die Lungen pumpt.

Plötzlich geht alles ganz schnell: Noch einmal sprüht eine letzte Wasserfontäne in die Luft, dann verschwinden die Nasenlöcher unter der Meeresoberfläche, der mächtige Rücken wölbt sich, und die schwarzglänzende, tropfende Schwanzflosse reckt sich in die Höhe. Sie scheint dem Boot noch einmal zuzuwinken, ehe sie fast im rechten Winkel elegant untertaucht. Einer der Touristen an der Reling klatscht spontan Applaus, und wo vor wenigen Augenblicken der Wal majestätisch in der Dünung lag, ist nur noch ein leicht gekräuselter Fleck auf dem Wasser zu sehen.

„Das war Tiger!“ ruft Thorsten von seinem Posten in luftiger Höhe begeistert nach unten. Der Biologiestudent aus dem Ruhrgebiet, der schon seit zwei Monaten hier im Walzentrum arbeitet und fast täglich zweimal aufs offene Meer hinausfährt, hat das Tier an seiner gestreiften Schwanzflosse erkannt. „Die ist beim Wal so unverkennbar wie beim Menschen der Fingerabdruck“, erklärt Thorsten, der für seine Diplomarbeit schon Hunderte von verschiedenen Schwanzflossen photographiert hat.

Die Photoidentifikation von Walen ist nur eines von mehreren Forschungsprojekten, die das Walzentrum in Andenes betreut und aus den Erlösen der Walsafaris finanziert. Mittlerweile ist das anfangs von den Einheimischen argwöhnisch beäugte Unternehmen zu einer wichtigen Institution geworden, die viele Touristen auf die bislang für den Fremdenverkehr nur wenig erschlossenen Vesterålen zieht. Für den Ort Andenes sind die Wale inzwischen ein sommerlicher Wirtschaftsfaktor, auf den niemand mehr verzichten will.

Auch für manche Bewohner der benachbarten Lofoten bilden Wale, wenn auch in einem ganz anderen Sinn, eine wichtige Einnahmequelle. Seit Generationen erlegen die dort ansässigen Fischer Zwerg- und Minkwale in den küstennahen Gewässern. Seit die Regierung in Oslo, entgegen der Beschlüsse der Internationalen Walfangkommission, nach fünfjährigem Fangverbot 1993 erstmals wieder 130 der bis zu acht Meter langen Meeressäuger zum kommerziellen Abschuß freigegeben hat, sind die wenigen norwegischen Walfänger (entlang der ganzen Küste gibt es noch ganze 32 Boote) bei Umweltschützern auf der ganzen Welt zu einem Feindbild ersten Ranges avanciert.

Weit davon entfernt, industriellen Walfang im großen Stil zu betreiben, durch den kapitalintensive Fangflotten (auch aus Norwegen) noch bis in die fünfziger Jahre die weltweiten Walbestände gnadenlos dezimierten, schütteln die Fischer auf den Lofoten angesichts der Demonstrationen und Boykottdrohungen gegen sämtliche norwegischen Produkte nur verständnislos den Kopf. Die wenigen Minkwale, die ihnen die Regierung zu fangen gestattet, können ihrer Meinung nach einen allein im Nordpolarmeeer auf etwa 70 000 Tiere geschätzten Bestand nicht ernsthaft gefährden. Sie aber, so argumentieren die Fischer, stünden bei einem völligen Ausfall des Walfangs vor dem wirtschaftlichen Ruin, nachdem der winterliche Kabeljaufang in den letzten Jahrzehnten empfindlich zurückgegangen ist. Richtig wütend werden sie, wenn sich ausgerechnet die Länder gegen den norwegischen Zwergwalfang aussprechen, in denen Umweltzerstörung und Massentierhaltung an der Tagesordnung sind. Heuchelei nennen sie dieses Verhalten und äußern den bösen Verdacht, daß der Wal nur deshalb zum „Totemtier der Umweltbewegung“ hochstilisiert wird, damit andere Industrieländer die Weltöffentlichkeit von ihren eigenen ökologischen Sünden ablenken können.

Die norwegische Regierung jedenfalls wurde durch die Proteste der Umweltschützer bisher noch nicht weichgeklopft. Sie steht nach wie vor hinter ihren Walfängern und hat für 1995 wieder Zwergwale zum Abschuß freigegeben – 232 an der Zahl. So wird es wohl auch in Zukunft auf den Fleischtheken norwegischer Supermärkte die großen, viereckigen Klumpen *Hvalbif* geben, von denen der Verkäufer dunkelrote Schnitzel heruntersäbelt. In Hausfrauenzeitschriften werden weiterhin Rezepte wie „Walsteak mit grünen Erbsen“ veröffentlicht, und auf den Lofoten werden trotzige Fischer mit T-Shirts herumlaufen, auf denen steht: „Intelligent People need intelligent food“ – intelligente Menschen brauchen Fleisch von intelligenten Tieren.

Fels, Wasser, ein bißchen Grün und später Schnee – menschenleere Landschaft auf der Insel Flakstadøya der Lofoten-Gruppe.

So unzugänglich wie hier sind die Strände auf den Lofoten nicht überall. In sandigen Buchten sieht man sogar bisweilen abgehärtete Naturen, die sich ins vom Golfstrom wenigstens einigermaßen angewärmte Wasser wagen.

Für Lichtstimmungen wie diese auf der Insel Austvågøy sind die Lofoten berühmt – wohl nirgendwo in Norwegen spielen Sonne und Wolken so dramatisch miteinander wie auf den Inseln vor der Küste der Provinz Nordland.

Henningsvær, ein typischer Fischerort auf den Lofoten: Wo sich im Sommer die Sportboote tummeln, wimmelt es zur winterlichen Kabeljau-Saison überall an den Kais von Fischereifahrzeugen.

Seit Brücken – wie hier beim Fischerort Reine – viele Inseln und Inselchen miteinander verbinden, hat das Auto auch auf den Lofoten das Boot als wichtigstes Verkehrsmittel abgelöst. Dennoch gibt es hier immer noch Orte, die am bequemsten übers Wasser erreichbar sind.

Grau und rund wie die Rücken gestrandeter Wale mögen diese rundgeschliffenen Felsen auf manchen Betrachter wirken. Den Bewohnern des im Hintergrund sichtbaren Ortes Reine fällt beim Stichwort Wal etwas anderes ein: Hier haben einige der letzten Walfangboote Europas ihren Heimathafen.

Die hohen Berge der Lofoten, wie hier am Kirkefjord auf der Insel Moskenes, sind Wolkenfänger par excellence. Kaum eine Front aus dem Westen zieht vorbei, ohne wenigstens ein paar Tropfen abgeregnet zu haben.

Wasser im Überfluß gibt es nicht nur auf der Insel Flakstad, wo dieser glasklare Fluß aus den Bergen schäumt, sondern auch auf anderen Eilanden der Lofotengruppe.

Schmelzendes Eis auf
einem der vielen
Inlands-Seen der Lofoten.

Berge von grandioser Schönheit laden nicht nur auf der Insel Austvågøy, sondern überall auf den Lofoten zum Wandern und Klettern ein.

Ein typisches Lofot-Fischerboot – Hunderte von solchen Fahrzeugen sind jedes Jahr im Einsatz, wenn zwischen Mitte Januar und Mitte April die großen Kabeljauschwärme zum Laichen vor die Inseln kommen.

Norwegens Fjordland

Wo Land und Meer sich in den Armen liegen

Mit Kaiser Wilhelm von Ålesund zum Sognefjord

Zuerst traut man seinen Augen nicht, dann zweifelt man an seiner Auffassungsgabe, und schließlich bleibt man mitten in der Innenstadt von Ålesund abrupt stehen, um das Handwörterbuch zu Rate zu ziehen. Irgendwie will man der Neonreklame nicht so recht glauben, die da an einem wenig aufregenden Bau aus den siebziger Jahren verkündet, daß sich hinter der Fassade aus dunkelbraunen Eternitplatten das *Keiser Wilhelm Gjestehus* verbergen soll. Daß die Norweger in treuer Liebe an ihrem eigenen Königshaus hängen, ist hinlänglich bekannt. Aber was haben sie, was hat die hübsche Hafenstadt Ålesund mit dem glücklosen letzten Herrscher auf dem deutschen Kaiserthron zu schaffen, den die Revolution von 1918 für immer außer Landes gejagt hat? Und wieso gibt es hier nicht nur einen *Keisern Pubb-Nattklubb,* sondern auch eine *Prins Eitel Friedrich Bar,* einen *Prins Adelbert Dansesalong* und eine *Keiserinnen Augusta Spisestue?* Wollen die Ålesunder deutschen Touristen etwa Nachhilfeunterricht in Hohenzollernscher Familiengeschichte erteilen?

Des Rätsels Lösung findet sich im Stadtmuseum von Ålesund, das übrigens ausgerechnet an einer Querstraße zu der die halbe Stadt durchziehenden *Keiser Wilhelms Gate* liegt. Hier finden sich neben zahlreichen Ausstellungsstücken zur Stadtentwicklung, zur Fischerei und zur Küstenschiffahrt auch etliche Photos, die Ålesund nach dem letzten großen Stadtbrand zeigen. Der Feuersturm vom 23. Januar 1904, der über 800 der damals 1 030 Häuser bis auf die Grundmauern zerstörte, hinterließ eine trostlose, qualmende Trümmerwüste, die 10 000 Menschen auf einen Schlag obdachlos machte.

Aber die Stadt hatte Glück im Unglück: Bei dem Brand kam lediglich jene ältere Frau ums Leben, die das Feuer durch unvorsichtiges Hantieren am Herd entfacht haben soll. Und außerdem hatte Ålesund einen einflußreichen Freund, Kaiser Wilhelm II. eben, dem die reizvoll am Eingang zum Storfjord gelegene Stadt von seinen zahlreichen Nordlandfahrten mit der kaiserlichen Jacht *Hohenzollern* bestens bekannt war. Auf die Nachricht von der Brandkatastrophe hin ließ Wilhelm II., um große Gesten nie verlegen, sofort das Handelsschiff *Weimar* mit Decken, Proviant, Medikamenten und Baumaterial beladen Richtung Norden dampfen. Weil sie noch vor dem Gros der aus Südnorwegen gesandten Hilfsschiffe im Hafen von Ålesund ankamen, wurden Wilhelms II. Liebesgaben von der hungrigen und frierenden Bevölkerung begeistert aufgenommen.

Doch damit war des Kaisers Hilfe noch nicht zu Ende. Als die Ålesunder darangingen, ihre zerstörte Stadt wiederaufzubauen, griff er nicht nur großzügig in seine Privatschatulle, sondern rief auch sein Volk zu Hause zu Spenden auf. So wurden damals in Deutschland Bilder vom zerstörten Ålesund für 20 Pfennig pro Stück verkauft, um damit den Wiederaufbau der Stadt zu unterstützen. Die Norweger konnten das Geld gut gebrauchen, denn das künftige Ålesund sollte nicht mehr aus kostengünstigen Holzbauten, sondern aus sehr viel teureren, dafür aber weit weniger brandgefährdeten Steinhäusern bestehen.

Und so entstand – im Zeitraum von nur drei Jahren – eine nagelneue Stadt im damals hochmodernen Jugendstil. Nirgendwo sonst in Europa kann man heute diese Architektur so konzentriert auf engem Raum erleben wie in der Innenstadt und am Hafen von Ålesund, wo manche Gebäude auf Stelzen im Wasser stehen und der Stadt den Beinamen „Venedig des Nordens" eingebracht haben. Allerdings gebärdet sich die Ornamentik des Jugendstils hier nicht so überbordend wie anderswo, werden lustvolle Verschnörkelungen allenthalben durch nordische Nüchternheit gebremst. Das Ergebnis ist eine Mischung aus Blumenranken und nordischen Drachenmotiven, aus Verspieltheit und kühl-rationaler Sachlichkeit.

Die Lage an der Küste spielte für die über die drei Inseln Hessa, Nørvøy und Aspøy verteilt gelegene Stadt von jeher eine große Rolle. Schon lange vor 1027, als Olav II. hier mit seiner Christianisierung Norwegens begonnen haben soll, dürfte es an diesem Ort die ersten Fischerhäuser gegeben haben, aber erst nachdem Ålesund im Jahr 1848 Stadtrechte erhalten hatte, schwang es sich zum weltgrößten Exporthafen für Trockenfisch auf. Noch heute werden hier die meisten Fischfänge von ganz Norwegen angelandet – ein Umstand, den man zum Kauf günstiger und guter Meeresfrüchte auf dem Fischmarkt nutzen kann. Seit es mit dem Fischfang nicht mehr so rosig aussieht, setzt die Stadt verstärkt auf den Tourismus als Einnahmequelle – und auch der hat hier viel mit dem Wasser zu tun.

In dem idyllisch mitten im Jugendstilviertel gelegenen Jachthafen können Segel- und Motorboote direkt vor den bunten Fassaden der alten Lagerhäuser festmachen, und an einem weiteren Kai legen außer den Dampfern der *Hurtigrute* auch große Kreuzfahrtschiffe an, die täglich so viele Urlauber zum Stadtrundgang an Land schicken, daß es in den Straßen von Ålesund im Sommer schon manchmal recht eng werden kann.

Wer dem Rummel ein wenig entkommen will, sollte auf einem Fußweg mit 418 Stufen den Stadtberg *Aksla* erklimmen, von dem aus man einen wunderbaren

Ålesund, die Perle des Jugendstils, nach ihrem Wiederaufbau, zu dem der deutsche Kaiser Wilhelm II. beträchtliche Mittel beisteuerte.

Ausblick auf die Stadt und die umliegenden Schäreninseln hat. Wem das zu anstrengend ist, der kann sich auch mit dem auf einem Hügel gelegenen Stadtpark begnügen. Da ist zwar der Ausblick nicht ganz so schön, dafür findet sich hier neben einer Statue des Wikingers und Normandie-Eroberers Hrolf Rollo auch ein Gedenkstein für Kaiser Wilhelm II., den hochgeschätzten Wohltäter der Stadt.
Der Hohenzoller zeigte sich übrigens nicht nur in Ålesund von seiner spendabelsten Seite. Auch an den Ufern des Sognefjords, in der südlichen Nachbarprovinz Sogn og Fjordane, hat der Kaiser ein weiteres Zeichen seiner romantischen Liebe zum hohen Norden gesetzt. Ob das klotzige Steinstandbild des Fridtjof Tornsteinson, das der Kaiser am 31. Juni 1913 nach einer markigen Rede über die gemeinsame indogermanische Abstammung von Norwegern und Deutschen höchstpersönlich in Vangsnes enthüllte, künstlerisch besonders wertvoll ist, sei hier nicht näher untersucht. Der zwölf Meter hohe Wikinger, der auf sein Schwert gestützt noch immer hinaus aufs blaue Wasser des mit 200 Kilometern längsten Fjords Norwegens schaut, soll den Kaiser die „Kleinigkeit" von drei Millionen norwegischen Kronen gekostet haben.
In Balestrand am gegenüberliegenden Ufer steht übrigens auf einem Grabhügel aus dem Jahr 800 das gleichfalls von Wilhelm gestiftete Pendant zu Fridtjof – die Statue des aus derselben Saga entliehenen Königs Bele. Nicht weit davon, in *Kvikne's Hotel,* wird ein Stuhl als Erinnerungsstück an des Kaisers letzte Nordlandfahrt aufbewahrt. Auf dessen Polster ließ sich, wie eine Plakette stolz verkündet, am „Sonnabend, den 25. Juli 1914, am Nachmittag von 5 Uhr bis 5 Uhr 30" der Herrscher aller Deutschen nieder. Gönnen wir dem Wohltäter Ålesunds im nachhinein diese ruhige halbe Stunde – es dürfte eine seiner letzten gewesen sein. Drei Tage später, am 28. Juli 1914, begann mit der Kriegserklärung Österreich-Ungarns an Serbien der Erste Weltkrieg, und als dieser vier Jahre später endete, gab es in Deutschland keinen Kaiser mehr.

Ein Mosaik aus Wasser und Fels – die vielfältige Wunderwelt der Fjorde

Man nehme einen Gebirgsstock mit einem hübschen Flußtal, packe diesen etwa drei Millionen Jahre lang in einen bis zu drei Kilometer dicken Eispanzer, der ganz gemächlich zum Meer wandert und dabei das Tal trogartig vertieft. Dann lasse man das ganze schmelzen, fülle das ausgeschürfte Tal mit Meerwasser und schon hat man einen echten Fjord wie aus dem Bilderbuch.
Nach diesem im Grunde recht einfachen, wenn auch

Passagierdampfer im Geirangerfjord. Auch heute wird der wie ein Bergsee anmutende Fjord von kaum einem Kreuzfahrtschiff ausgelassen.

ein wenig langwierigen Prinzip hat die Natur an der norwegischen Westküste eine Landschaft aus Wasser und Gebirge geschaffen, die auf der ganzen Welt ihresgleichen sucht.
Von Trondheim im Norden bis Stavanger im Süden wird die Küstenlinie von Dutzenden von Fjordmündungen unterbrochen, die sich ins Land hinein zu immer mehr kleinen und kleinsten Armen verästeln, von denen ein jeder seinen eigenen Namen und seinen unverwechselbaren Charakter hat. Von rauh bis lieblich, von majestätisch breit bis beängstigend schmal ist in den vier Provinzen Møre og Romsdal, Sogn og Fjordane, Hordaland und Rogaland jede nur erdenkliche Variante des Spiels zwischen Wasser und Bergen zu finden.
Eine der eindrucksvollsten Gesteinsformationen hat das Gletschereis am südlich von Stavanger gelegenen Lysefjord geschaffen, wo es wie mit der Hobelmaschine einen riesigen, würfelförmigen Felsblock aus dem Berg gefräst hat. Nach einem zwei- bis dreistündigen Aufstieg bietet diese *Prekestolen* genannte Felskanzel einen weiten Ausblick über den Lysefjord, der sich wie ein tiefblauer Bergsee, umrahmt von rundkuppigen, teilweise bewaldeten Felsbergen, in Richtung Meer davonschlängelt. Ganz Wagemutige robben sich hier auf dem Bauch bis an den senkrechten Felssturz und riskieren einen schwindelerregenden Blick in die Tiefe, wo gut 600 Meter unter ihnen kleine, weiße Schiffe ihre glitzernden Spuren durchs Wasser ziehen.
Kaum weniger beeindruckend ist der Blick von der bereits in den achtziger Jahren des vorigen Jahrhunderts erbauten „Adlerstraße" auf den über 300 Kilometer weiter nördlich gelegenen Geirangerfjord. Dieser Seitenarm des Storfjords ist einer der bekanntesten Fjorde überhaupt. Nahezu jedes Kreuzfahrtschiff geht hier vor dem Ort Geiranger vor Anker, und sogar die norwegische Königsfamilie ist sich nicht zu fein, in Sweatshirt und Jeans vor der Kulisse des Geirangerfjords für das Titelbild eines Fremdenverkehrsprospekts zu posieren.
Normalsterbliche, die nicht das Privileg genießen, auf einem der weißen Kreuzfahrtriesen an den steilen Felswänden des Geirangerfjords entlangzugleiten, können sich dasselbe Erlebnis an Bord der Autofähre von Hellesylt nach Geiranger verschaffen. Allerdings kann es in der Hochsaison durchaus vorkommen, daß sie stundenlang warten müssen, bis sie für sich und ihr Fahrzeug einen Platz auf einem der im Halbstundentakt verkehrenden Schiffe ergattert haben. Oben an Deck herrscht dann meist qualvolle Enge, dafür aber leiern bei jeder Sehenswürdigkeit am Ufer quäkende Bordlautsprecher Tonbandansagen in

norwegisch, englisch, französisch, deutsch und japanisch herunter – so zum Beispiel beim Passieren der berühmten Wasserfälle mit Namen wie „Der Brautschleier“, „Der Freier“ und „Die sieben Schwestern“. So schön er auch ist, die gnadenlose touristische Nutzung kann einem den Spaß am Geirangerfjord gehörig verleiden. Ein „Muß“ ist er beileibe nicht, da gibt es in den unzähligen Verästelungen der Fjorde viel weniger Überlaufenes und mindestens genauso Schönes zu entdecken, und an spektakulären Wasserfällen herrscht auch bei anderen Fjorden kein Mangel.

Überhaupt eröffnet sich einem die einmalige Landschaft des Fjordlandes erst so richtig, wenn man auf eigene Faust Entdeckungsreisen unternimmt. Ist man auf den Straßen unterwegs, dann merkt man ziemlich schnell, warum hier das Boot jahrhundertelang das einzig zweckmäßige Fortbewegunsmittel war. Selbst heute, wo nach etlichen Jahrzehnten aufwendigsten Wegebaus auch diese gebirgige Region durch lange Tunnels und kühne Brückenprojekte für den Landverkehr erschlossen ist, kann man praktisch nie ein Ziel auf direktem Weg ansteuern: Immer wieder türmen sich abweisend hohe Felswände vor einem auf, schieben sich die Wasserarme großer, kleiner und kleinster Fjorde vor die Straße und zwingen zu langen Umwegen oder zur Benutzung einer Fähre.

Ganz anders erschließen sich die meisten Fjorde vom Wasser aus. Per Schiff entdeckt man vieles, was dem Autofahrer verborgen bleibt, unter anderem die zahlreichen Häuser und Gehöfte an den Ufern oder in den Bergen, zu denen auch heute noch keine Straßen führen. Viele von ihnen sind seit Jahrzehnten verlassen und dem langsamen Verfall preisgegeben, wenn sich nicht eine lokale Bürgervereinigung für ihre Erhaltung einsetzt und die oft dramatisch schön gelegenen Gebäude in Museumshöfe oder Ferienunterkünfte umwandelt.

Aber es gibt auch allenthalben noch Häuser, die bewohnt sind und oft so einsam liegen, daß ihnen ein ganzer Fjordarm allein zu gehören scheint. Für die Menschen, die dort leben, ist das Schiff das einzige Beförderungsmittel, und wer schon einmal miterlebt hat, wie eine große, vollbesetzte Autofähre in einem langwierigen Manöver an einem winzigen Anleger festmacht, um ein, zwei Fahrgäste aussteigen zu lassen, der bekommt eine Ahnung davon, wie weit ab vom Schuß viele Gegenden im Fjordland vor der Aufnahme eines regelmäßigen Schiffsverkehrs waren.

Dieser Abgeschiedenheit der Fjorde verdanken die Norweger übrigens auch das Kuriosum, daß sie als Vier-Millionen-Volk heute über zwei offiziell anerkannte Landessprachen verfügen, die sich in etwa so stark voneinander unterscheiden wie ein norddeutscher Dialekt vom Bayrischen.

Als 1814 für Norwegen über vier Jahrhunderte dänischer Fremdherrschaft zu Ende gingen, verlangte das neuerwachte Nationalgefühl nach einer eigenen Landessprache, die das bis dahin besonders in den Städten verbreitete Dänisch ablösen sollte. So ging auch alsbald eine Gruppe von Schriftstellern und Sprachforschern um den Lehrer Knud Knudsen daran, aus dem Dänischen eine norwegische Schriftsprache, die heute *Bokmål* genannt wird, zu entwickeln.

Diesen eher sanften Weg lehnte der in Ørsta am Ufer des gleichnamigen Fjords geborene Bauernsohn Ivar Aasen (1813–1896), der sich als Autodidakt Griechisch, Latein und eine ganze Reihe von europäischen Sprachen beigebracht hatte, entschieden ab. Rastlos durchwanderte der Dichter und Sprachforscher sein heimatliches Fjordland und suchte nach lokalen Dialekten, die hier, in den unzugänglichsten Winkeln Norwegens, der jahrhundertelangen Dänisierung entgangen waren. Von 1842 bis 1846 trug Aasen so einen enormen Wortschatz zusammen, den er schließlich mit einer Grammatik versah und als *Landsmål* (Landessprache) mit geradezu missionarischem Eifer und viel Erfolg verbreitete.

Auch heute treten die meist aus Westnorwegen stammenden Befürworter des *Nynorsk,* wie seit den sechziger Jahren unseres Jahrhunderts die modernisierte Form von Aasens Sprache heißt, vehement für ihr Idiom ein, das gegen das bevorzugt in den Städten gesprochene Bokmål nach wie vor keinen leichten Stand hat. Immerhin aber haben sie inzwischen erreicht, daß Briefmarken und Geldscheine in beiden Sprachen gedruckt werden und etwa 25 Prozent aller Fernseh- und Hörfunksendungen landesweit in Nynorsk ausgestrahlt werden müssen.

Als Reisender wird man spätestens dann Opfer der norwegischen Sprachverwirrung, wenn man aus dem Bokmål sprechenden Südosten in den Westen des Landes reist und dort im Supermarkt nicht mehr die rotbedruckten Milchtüten mit der Aufschrift *Melk* findet. Erst nach einem aufklärenden Gespräch wagt man es, zu einer ähnlichen Tüte zu greifen, auf der *Mjölk* steht, und die nicht etwa Molke enthält, sondern lediglich Milch auf Nynorsk.

Mögen uns diese Unterschiede eher klein erscheinen, so liegen für viele Norweger ganze Welten zwischen ihren beiden Sprachen. Bokmål eignet sich, so behaupten die einen, nun mal besser für die technisch orientierte Sprache unseres Jahrhunderts, während Gedichte für die anderen nur in Nynorsk wirklich schön klingen – schließlich hat Ivar Aasen höchstpersönlich eine ganze Reihe von lyrischen Naturgedichten in „seiner“ Sprache verfaßt.

Henrik Wergeland (1808–1845) allerdings, Norwegens früh verstorbener Nationaldichter, war ein entschiedener Verfechter von *Riksmål,* wie

Bokmål zu seiner Zeit noch hieß. Ebenso wie Aasen schrieb er Gedichte über das Fjordland, wobei es ihm der Hardangerfjord südöstlich von Bergen besonders angetan hatte. Das vom Golfstrom begünstigte Klima an seinen Ufern ist für Norwegens größtes Obstanbaugebiet verantwortlich, und wenn hier im Frühjahr die Blüte der unzähligen Apfel-, Kirsch- und Birnbäume die Landschaft in ein Meer von duftendem Weiß und Rosa verwandelt, geht auch weniger poetisch veranlagten Gemütern das Herz auf.
Im Gebiet um den Hardangerfjord, aus dem übrigens auch etliche der altnorwegischen Trachten stammen, die bei der Eröffnungsfeier der Winterspiele von Lillehammer über die Bildschirme der Welt flimmerten, wird auch die Hardangerfiedel hergestellt, eine reichverzierte Geige, die eines der bekanntesten Instrumente norwegischer Volksmusik ist. So ist es kaum verwunderlich, daß der große Komponist Edvard Grieg (1843–1907) am Hardangerfjord alte Lieder und Melodien sammelte, die dann 1870 in seinen „Norwegischen Tänzen und Volksweisen" ihren Niederschlag fanden.
Künstler, Wissenschaftler und Intellektuelle sollten nicht die einzigen bleiben, die es mit wachsender Begeisterung ins Land der Fjorde zog. So setzte bereits im vergangenen Jahrhundert ein stetig anschwellender Strom von weiteren Reisenden in die Region ein, deren Beliebtheit bis heute ungebrochen ist.
Schon früh war eines der beliebtesten Ziele der Fjordland-Touristen der Jostedalsbreen, der größte Plateaugletscher des europäischen Festlandes, der heute zu weiten Teilen als Nationalpark ausgewiesen ist. Nur der Vatnajøkull auf Island ist größer als dieser weiße Riese westlich der Berge von Jotunheimen, der sich zusammen mit seinen benachbarten Firnfeldern über gut 1 000 Quadratkilometer erstreckt. Obwohl der Eispanzer des Jostedalsbreen 400 bis 500 Meter dick ist, ist er erstaunlicherweise kein Überbleibsel der letzten Eiszeit. Wie alle anderen norwegischen Gletscher auch entstand er erst im Subatlantikum, das etwa um 500 v. Chr. einsetzte. Bis dahin war Norwegen seit dem Schmelzen der letzten Eiszeitgletscher mit einem so milden Klima gesegnet, daß an den Berghängen mancher Fjorde sogar Wein angebaut worden sein soll. Um das Jahr 1750 herum erreichte das Wachstum des Jostedalsbreen seinen Höhepunkt, und seither nimmt der Gletscher im großen und ganzen eher ab. Doch da auch heute noch ergiebige Schneefälle auf ihn niedergehen, ist nach wie vor für immer neuen Nachschub an Eis gesorgt.
Weil der Gletscher eine natürliche Barriere zwischen dem Nord- und dem Sognefjord bildet, führte schon recht früh ein wichtiger Handelspfad über sein Eis. Gletscherkundige Führer waren auch damals sehr gefragt und sind es nach wie vor, denn heute zieht es von Jahr zu Jahr immer mehr Touristen aufs bläulich

Der Komponist Edvard Grieg (1843–1907) sammelte am Hardangerfjord Lieder und Melodien für seine 1870 erschienenen „Norwegischen Tänze und Volksweisen".

schimmernde Eis. Von eigenmächtigen Gletschererkundungen kann nur dringend abgeraten werden: Immer wieder mal verschwinden unvorsichtige Halbschuhtouristen auf Nimmerwiedersehen in Gletscherspalten oder werden von Eislawinen mitgerissen, die von den Gletscherzungen zu Tal donnern. Im neuerbauten Nationalparkcenter in Stryn kann man sich nicht nur über alles informieren, was den Gletscher mit seiner interessanten Flora und Fauna anbelangt, sondern sich auch einen ortskundigen Führer vermitteln lassen, der die schönsten Touren zu Eishöhlen, Firnfeldern, Gletscherzungen und Gletscherseen kennt.

Stabkirchen – Norwegens hölzerne Kathedralen

Wie ein gelblicher Scheinwerfer leuchtet die Abendsonne durch die kleinen, kreisrunden Öffnungen hoch oben in der Wand und erzeugt im Inneren der Stabkirche von Borgund ein dämmrig warmes, sehr intimes Licht. Ein paar Staubflocken tanzen durch die schmalen Lichtkegel, in der Nase macht sich ein eigentümlicher Geruch nach Sägespänen und warmem Teer breit, und während die Augen bewundernd über die ausgeklügelte Balkenkonstruktion von Wänden und Decke wandern, bekommt man das Gefühl, als würde all das alte Holz um einen herum leben und atmen, knistern und knacken, sich in der Wärme der Sommersonne dehnen und strecken.
Holz mit mehreren Jahrhunderten auf dem Buckel strahlt eine ganz eigene Faszination aus, eine Würde des Alters, die man an Gebäuden aus anderen

Um das Jahr 1250 wurde die Kirche im Heddal bei Notodden in der Telemark erbaut, die eine der größten Stabkirchen in ganz Norwegen ist.

Materialien so nicht kennt. Stabkirchen sind Holz pur. Bis auf ein paar kunstvoll gearbeitete Beschläge und Türangeln wurde bei ihrer Konstruktion auf jegliches Metall verzichtet, sogar auf eiserne Nägel. Mit den wuchtigen Steinkirchen der Romanik, die zeitgleich anderswo in Europa entstanden, haben die Stabkirchen nicht sehr viel gemeinsam.
Das schönste und besterhaltene Beispiel für diese typisch norwegische Architekturform ist die etwa 30 Kilometer westlich von einem Ausläufer des Sognefjords gelegene Stabkirche von Borgund. Eingebettet in eine grüne Gebirgslandschaft, erinnert das kompakte Gotteshaus mit seinen sechsfach übereinandergetürmten, zum Schutz vor Regen und Schnee mit Teer bestrichenen Holzschindeldächern ein wenig an eine fernöstliche Pagode, während sein Inneres Gedanken an Spanten, Planken und Masten von Wikingerschiffen aufkommen läßt.
Ob beim Bau der Stabkirchen wirklich dieselben Zimmerleute am Werk waren, die auch die seetüchtigsten Schiffe der damaligen Zeit auf Kiel legten, konnte bisher noch nicht eindeutig bewiesen werden. Eines allerdings ist gewiß: Ihr Handwerk verstanden die Erbauer der Stabkirchen mindestens ebensogut wie die Konstrukteure der legendären Drachenboote. So suchten sie sich die „Stäbe", jene mächtigen, vom Boden bis zum Dachstuhl reichenden Fichtenstämme, die das Grundskelett der Kirche bilden, bereits im Wald aus und ließen sie entastet und entrindet noch ein paar Jahre stehen, bevor sie endgültig gefällt wurden. Erst solchermaßen gealtert und gereift war das Holz brauchbar für den Bau einer Stabkirche, der übrigens zum Großteil auf dem Zusammenfügen von bereits vorgefertigten Bauteilen beruht – ein heute wieder hochmodernes Verfahren. Die Stäbe wurden zunächst durch Querhölzer miteinander verbunden und versteift, bevor man sie in eine senkrechte Lage hievte und an einem auf flachen Steinen liegenden Balkenfundament befestigte. Um diese Grundkonstruktion, die von einem spitzwinkelig zulaufenden Dachstuhl gekrönt wurde, baute man noch einen etwa bis auf halbe Höhe des Kirchenschiffs hinaufreichenden Umgang, dessen wichtigste Aufgabe es war, durch schräg angesetzte Dachsparren die hohen Außenwände des inneren Schiffs zu stabilisieren. Dieser Umgang wurde dann nochmals mit einem niedrigen Laubengang umgeben, der der Kirchengemeinde vor und nach dem Gottesdienst Schutz vor Wind und Wetter und damit die Gelegenheit zu einem kleinen Schwätzchen oder zum Abwickeln eines Geschäfts bot. Außerdem verhinderte er, daß die hölzernen Seitenwände der Kirche direkten Kontakt mit Regen und aufsteigender Bodenfeuchtigkeit bekamen.
Die ersten Stabkirchen entstanden kurz nach dem Märtyrertod des heiligen Olav im Jahr 1028, und an zahlreichen Details ihrer Ausstattung kann man immer noch erkennen, wie sehr die frühen Christen im hohen Norden noch in alten, heidnischen Traditionen verwurzelt waren. So finden sich an den kunstvoll geschnitzten Kirchenportalen immer wieder die Schlangen- und Rankenornamente der Wikinger, die diese schon vor ihrer Bekehrung zum Christentum verwendeten. Darüber hinaus sollten Drachenköpfe an den Giebeln und eine besonders hohe Türschwelle am Haupteingang bösen Geistern den Zutritt zum Gotteshaus verwehren.
Im 13. Jahrhundert gab es in Norwegen zwischen 700 und 1000 Stabkirchen, und erst die Pest, die Mitte des 14. Jahrhunderts binnen weniger Jahre die Hälfte der Bevölkerung dahinraffte, gebot ihrer weiteren Verbreitung Einhalt.
Heute gibt es im ganzen Land immerhin noch 25 dieser Zeugen frühen norwegischen Kirchenbaus – eine erstaunlich hohe Zahl, wenn man bedenkt, daß ihre ausgeklügelte Holzkonstruktion zwar auch dem schlimmsten Wintersturm zu trotzen vermag, dafür aber nur allzu leicht ein Raub der Flammen werden kann. Vier von ihnen hat man an ihrem ursprünglichen Standort abgebaut und andernorts, meist in einem Freilichtmuseum, wieder aufgestellt – ein Unterfangen, das dank der genialen „Fertighauskonstruktion" der Holzkirchen nicht allzu schwierig ist.
Von den 21 an ihren Originalstandorten verbliebenen Stabkirchen befinden sich vier im Gebiet des Sognefjords. So originalgetreu erhalten wie die Stabkirche von Borgund, die vor Umbauten späterer Jahrhunderte weitgehend verschont blieb, sind allerdings weder die von Hopperstad und Kaupanger, noch Urnes, die als älteste Stabkirche in ganz Norwegen gilt.

Blick vom Fløien auf die Altstadt von Bergen.

Bergen und die Bergenser

Einen echten Bergenser, so hört man es ab und zu mit leicht hämischem Unterton von Bewohnern anderer Gegenden Norwegens, erkennt man an den Schwimmhäuten zwischen den Zehen. Auch der Blick in diverse Reiseführer läßt bezüglich eines Besuchs in der mit 210 000 Einwohnern zweitgrößten Stadt des Landes wettermäßig nur wenig Gutes ahnen: Von bis zu 250 Regentagen im Jahr ist da die Rede und satten 2 000 Millimetern Niederschlag pro Quadratmeter im Jahresdurchschnitt. Nur zum Vergleich: Eine süddeutsche Großstadt wie München bringt es gerade mal auf lächerliche 600 – 700 Millimeter – und selbst die sind dort manchem Einwohner angesichts einer verregneten Biergartensaison noch zu viel. Schuld an den wahrhaft trüben Wetteraussichten Bergens ist seine Lage: Auf der einen Seite ist das Meer, von dem der Westwind Scharen von Regenwolken herbeibläst, auf der anderen Seite sind hohe Berge, an denen sich die nässeschwangeren Gebilde kräftig abregnen können.

Wer nun erwartet, in der Stadt nur Menschen mit griesgrämigen Mienen, skeptischen Blicken zum Himmel und stets aufspannbereiten Regenschirmen herumhuschen zu sehen, der irrt allerdings gewaltig. Kaum zeigt sich einmal die Sonne – was im Sommer, allen Unkenrufen zum Trotz, gar nicht so selten der Fall ist, scheinen die gesamten Bewohner der Stadt wie auf Kommando die vielen Cafés und Kneipen rund um den alten Hafen zu besetzen, um dort genüßlich etwas im Freien zu trinken.

Sehr beliebt sind auch Ausflüge auf die beiden Aussichtsberge der Stadt – entweder mit der 1918 in Betrieb genommenen Standseilbahn auf den Fløien oder mit der moderneren Kabinenbahn auf den noch höheren Ulriken. Von beiden Erhebungen aus sieht man sofort, was dem 1070 von Olav Kyrre gegründeten Bergen im Mittelalter einen kometenhaften Aufstieg zur größten und bedeutendsten Handelsstadt des Nordens beschert hat: Ganz klar wird das Stadtbild auch heute noch vom Vågen, dem langgestreckten Hafenbecken dominiert, das sich bis mitten ins Zentrum der Altstadt hineinzieht.

Wo heute Sportboote und Segeljachten anlegen, Kreuzfahrt- und Hurtigrutenschiffe festmachen und eine Flotte von schneeweißen, schnittigen Motorlinern zu Ausflugsfahrten in die umliegenden Fjorde einlädt, wimmelte es früher von den Masten der Handelsschiffe aus ganz Europa, die hier hauptsächlich mit Tran und Trockenfisch beladen wurden. Das jahrhundertelange Monopol Bergens für den Handel an der gesamten norwegischen Küste machte die Stadt reich und mächtig. So war sie bis 1830, als Oslo ihr endgültig den Rang ablief, die

größte und einwohnerstärkste Stadt Norwegens und zwischen 1217 und 1299 sogar königliche Residenzstadt.
Eine solche aufstrebende Metropole zog natürlich zu allen Zeiten Kaufleute von weither an, und so ist es nur verständlich, daß die Hanse, der ehemals wirtschaftlich mächtigste Städtebund in Europa, im Jahr 1343 hier ihre erste Niederlassung gründete. Bergen war zwar nie offizielle Hansestadt, dafür aber neben London, Brügge und Nowgorod eines der vier großen Handelskontore der norddeutschen Kaufleute. Damals hatte gerade die Pest die Einwohnerzahl von Bergen stark dezimiert, und so waren die Stadtväter heilfroh, daß die tüchtigen Hanseaten direkt am Hafen eine rasch wachsende Kolonie aufbauten, die bald „Tysk Bryggen" (die deutsche Brücke) genannt wurde.
Heute sind die malerischen Holzhäuser dieses Viertels, das seit 1945, als man die ungeliebten deutschen Besatzer des Zweiten Weltkriegs endlich wieder los war, nur noch „Bryggen" heißt, ein Wahrzeichen der Stadt und ihr touristischer Anziehungspunkt Nummer eins. Von den alten Häusern hanseatischer Kaufleute, die in ihren besten Zeiten eine deutsche Kolonie von bis zu 2 000 Mann beherbergten, steht heute freilich keines mehr, denn bei einem verheerenden Stadtbrand wurde 1702 das gesamte Viertel ein Raub der Flammen. Das Wort „Mann" kann man in diesem Zusammenhang übrigens ruhig wörtlich nehmen, denn nach den strengen Regeln der Hanse durften in Bryggen nur Junggesellen leben, die zudem zu Keuschheit verpflichtet waren. Ob sich die jungen Kaufleute angesichts der hübschen Bergenser Mädchen an dieses Gebot auch gehalten haben, steht sicherlich auf einem anderen Blatt.
Einen sehr guten Einblick ins Leben der Hanseleute, die immerhin bis Mitte des 18. Jahrhunderts ihr Kontor in Bergen hatten, gibt das Hanseatische Museum in einem 1708 errichteten Haus am Vågen. Hier baute man seit Jahrhunderten eng, schmal und hoch, denn eine Fensterfront hinaus zum Hafen war heißbegehrt, und das nicht etwa wegen der schönen Aussicht: Die rigorosen Feuerschutzbestimmungen der Hanse erlaubten in den Häusern keinerlei offenes Feuer – sogar das Essen wurde oberhalb des Bryggen-Viertels gekocht und in die Häuser der Handelsleute getragen. Kein Feuer bedeutete aber auch, daß die hinteren Räume der Häuser im langen norwegischen Winter fast kein Licht mehr bekamen. Hier wohnten dann vornehmlich Gesellen und Lehrbuben, die sich meistens zu zweit ein kärgliches Bett teilen mußten, während der Kaufmann in den hellen Räumen mit Blick auf den Vågen residierte und arbeitete.
Seit in Norwegen das große Geld nicht mehr mit Trockenfisch, sondern mit der Ausbeutung des Nordseeöls gemacht wird, hat die südlicher gelegene Stadt Stavanger Bergen als wirtschaftliches Zentrum Westnorwegens abgelöst, und die Bergenser fühlen sich in zunehmendem Maße als die Bewohner der kulturellen Hauptstadt der Region. Und wirklich, Bergen hat mit seiner Universität, seinen Museen und Theatern und der 1978 erbauten, nach Edvard Grieg benannten Konzerthalle in dieser Hinsicht eine ganze Menge zu bieten.
Wer sich allerdings davon überzeugen will, daß die Bergenser trotz aller Kulturbeflissenheit nicht gänzlich vom Handeln und Feilschen lassen wollen, sollte dem Fischmarkt direkt am Vågen einen Besuch abstatten. Auch wenn die riesige Auswahl an Meeresgetier mittlerweile schon mal zusätzlich in D-Mark und Yen ausgezeichnet ist und bei den Verkäuferinnen an den vielen Ständen das fließende Beherrschen mehrerer Fremdspachen ganz selbstverständlich zu sein scheint, hat sich das Treiben auf diesem berühmtesten Fischmarkt Norwegens nach wie vor etwas von seiner Ursprünglichkeit bewahrt: Fischer verkaufen direkt am Wasser ihr eben gefangenes Dutzend Krebse noch lebend aus mit Algen ausgepolsterten Styropor-Boxen, Hausfrauen diskutieren leidenschaftlich mit einem Fischhändler um den Preis eines großen Kabeljaus, und gutgekleidete Geschäftsleute kontrollieren mit geübtem Buchprüferblick den Belag ihres mittäglichen Lachsbrötchens.
Und wenn es dann doch noch zu regnen anfängt, drängt sich alles unter den Zeltplanen der Verkaufsstände zusammen und wartet darauf, daß der Guß wieder aufhört. Fisch muß schwimmen, das stimmt. Aber bitte nicht im Wasser, das von oben kommt!

Einer der bekanntesten Ausblicke Norwegens ist der vom Berg Dalsnibba auf den Geirangerfjord. In das dunkelblaue Gewässer – hier links oben sichtbar – laufen fast alle großen Kreuzfahrtschiffe ein.

Ideal zum Bergwandern ist die Gegend rund um den Geirangerfjord – Wasserfälle wie dieser sind hier keine Seltenheit.

Keine Welle trübt den Wasserspiegel dieses herbstlich geschmückten Sees oberhalb des Vetlefjords in der Provinz Sogn og Fjordane.

Bläulich-kühl reckt hier der Jostedalsbreen eine seiner 24 Zungen in die Landschaft. Der mächtigste Gletscher Europas, der 1750 seine größte Ausdehnung erreichte, wächst an manchen Stellen sogar heute noch – trotz globaler Klimaerwärmung.

Der Briksdalbreen, eine
Zunge des Jostedalsbreen,
speist diesen munteren
Gletscherfluß, der durch
zahlreiche Wasserfälle
zusätzlich verstärkt wird.

Am Fuß der Gletscher grünt es besonders intensiv, wie hier im Frühherbst westlich des Jostedalsbreen.

Die Idylle trügt – mit Norwegens Bergseen steht es nicht zum Besten. Weil hier das Gestein vielerorts kaum kalkhaltig ist, wird der saure Regen, den der Südwestwind hauptsächlich aus den Industriegebieten Hollands, Englands und Deutschlands herantreibt, nicht – wie zum Beispiel in den meisten Alpenseen – neutralisiert.

Auch das ist Norwegen: grüne, als Schafweiden genutzte Hänge am langgezogenen Jølstravatnet in der Provinz Sogn og Fjordane. Am Ufer zwei moderne Bauernhöfe.

Ob wohl im Ort Eidsdal am Ufer des Norddalsfjords, in dem dieser spektakuläre Regenbogen zu enden scheint, wirklich ein Töpfchen Gold vergraben ist?

Ein architektonisches Kleinod ist die auf mehrere Inseln verteilte Stadt Ålesund. Nach einem verheerenden Brand im Jahr 1904 wurde sie komplett neu aufgebaut – und zwar im damals hochmodernen Jugendstil, der noch heute in den Straßen der Innenstadt vorherrscht.

Ausnahmsweise mal kein Fjord, sondern ein kühler Gletschersee: der Lovatnet bei Stryn. Immer wieder stürzen Eis- oder Geröllawinen in den See und lassen den Wasserspiegel gefährlich ansteigen – so zum Beispiel im Jahr 1936, als eine 70 Meter hohe Flutwelle 74 Menschen in den Tod riß und viele Gebäude am Ufer zerstörte.

Als malerischster Fjord Norwegens gilt der Geirangerfjord mit seinen steil aufragenden Felswänden und Wasserfällen. Man muß nicht unbedingt eine Kreuzfahrt buchen, um in den Genuß einer Fjordfahrt zu kommen – die zwischen Hellesylt und Geiranger verkehrende Autofähre tut's auch.

Fast einen ganzen See für sich allein haben die Bewohner dieser Hütte am Djupvatnet südlich von Geiranger.

Mit zweimal einer Pferdestärke geht es hier das Briksdal entlang, in das der gleichnamige Gletscher seinen eiskalten Finger hinunterstreckt.

Ob sie wohl im Fjordland bleiben wird? Auch wer dort aufgewachsen ist, zieht oft als Erwachsener aus der Einsamkeit zwischen Wasser und Berg nach Oslo oder Umgebung, wo mittlerweile ein Viertel aller Norweger lebt.

Acht Jahrhunderte hat die Stabkirche von Borgund schon auf dem Buckel, die mit ihren übereinandergetürmten Holzschindeldächern und den Drachenköpfen an den Giebeln ein wenig an eine asiatische Pagode erinnert.

Verfallendes Bootshaus am Sognefjord. Bis in die dreißiger Jahre unseres Jahrhunderts verließen mehr als 800 000 Norweger, hauptsächlich aus den wirtschaftlich schwachen Regionen im Westen und Norden, ihr Land und wanderten nach Amerika aus. Noch heute gibt es deshalb im Fjordland viele verlassene Häuser und Bauernhöfe.

Rot und Weiß, die typischen Farben norwegischer Holzbauten, finden sich auch an diesen Lagerhäusern auf der Insel Runde, südwestlich von Ålesund.

Hier steigen einem sogar Ziegen auf's Dach ... Weniger wegen der Weidemöglichkeiten, sondern aufgrund der hervorragenden Isolierung gegen die winterliche Kälte haben viele Häuser in Norwegen Grasdächer, auf denen es im Sommer grünt und blüht.

Herbstlaub über sattem Wiesengrün – sogar Bäume gedeihen prächtig auf norwegischen Dächern.

Erdöl, Silber und Kanonen

Stavanger – Hauptstadt des Öls

Was haben Charles Lindbergh und König Oscar II. mit einem Eisbären gemein?

Die Antwort ist: Fisch. Genauer gesagt: Ölsardinen in Dosen, deren Etiketten mit einem Porträt des Ozeanfliegers und des letzten schwedisch-norwegischen Königs ebenso verziert wurden wie mit einer hübschen Zeichnung eines polaren Meister Petz. Doch damit noch längst nicht genug. Ob feurige Carmen, ob das Luftschiff Norge oder ein skifahrendes „Norwegian Girl" – alles gab es auf den bunten Bildchen: vom Friedenspfeife rauchenden Indianer über den teetrinkenden Engländer bis hin zum Soldaten mit Pickelhaube, der auf Fischdosen der Marke „Feldgrau" prangte, mit denen deutsche Landser des Ersten Weltkriegs verpflegt wurden.

Um ausgefallene Motive wie diese reißen sich allein in Norwegen rund 4 500 Sammler, die sich den *Iddis* (von Iddikett, einer kindlichen Verballhornung des Wortes Etikett) verschrieben haben. Insgesamt wurden, vorsichtigen Schätzungen zufolge, von den norwegischen Fischkonservenfabriken etwa 25 000 verschiedene Dosenetiketten auf den Markt gebracht.

Ein Zentrum dieser Industrie war die Stadt Stavanger im Südwesten des Landes, wo im Jahr 1873 die erste Konservenfabrik ihre Tore öffnete. Zuerst doste man dort nur Fleisch als Schiffsproviant ein, dann kam man auf den Dreh mit dem einheimischen Fisch, und bald gingen eingelegte Heringe und Ölsardinen aus Stavanger in alle Welt. Den Rohstoff lieferte die heimische Fischindustrie, die immer phantasievoller gestalteten Etiketten entwarf und produzierte ein aufstrebendes graphisches Gewerbe. Zur Blütezeit der Konservenindustrie stand bei ihr die halbe arbeitende Bevölkerung Stavangers in Lohn und Brot, vom Fabrikarbeiter über den Maschinenbauer bis zum Zeichner und Siebdrucker.

Heute ist diese Ära, in der die Blechfalzmaschinen ratterten und über ganz Stavanger ein kräftiger Fischgeruch lag, schon lange vorbei. In Zeiten, in denen große Fabrikschiffe ihren Fang noch auf dem Wasser tiefgefrieren und frischer Fisch mit Kühllastern Hunderte von Kilometern weit zum Verbraucher transportiert wird, ging die Nachfrage nach Fischkonserven stetig zurück. Als im Jahr 1982 in Stavanger die letzte Fabrik ihre Tore schloß, war das dennoch keine wirtschaftliche Katastrophe für die Stadt, denn die hatte längst auf eine andere Einnahmequelle umgesattelt. Dabei blieb sie sogar dem Öl treu, sie stieg lediglich von Oliven- auf Erdöl um.

Am 24. Dezember 1969 wurde die Bohrplattform *Ocean Viking* bei der buchstäblich letzten einer langen Reihe von Probebohrungen 200 Seemeilen vor der Küste fündig und stieß dabei auf das äußerst ergiebige *Ekofisk*-Ölfeld. Die cleveren Geschäftsleute von Stavanger erkannten die Zeichen der Zeit und verdienten sich mit dem Bau und der Versorgung der schwimmenden Bohrplattformen eine goldene Nase. Nach und nach siedelten sich immer mehr Ölkonzerne in Stavanger an, das damit wirtschaftlich die alte Rivalin Bergen überholen konnte. Heute laufen im Hafen von Stavanger jährlich 32 000 Schiffe ein und aus, allein 2 500 davon im Auftrag der Ölindustrie. Durch den Ölboom bekamen auch die darbenden Werften der Stadt neue Aufträge; heute haben sie sich auf den Bau riesiger Off-shore-Bohrplattformen spezialisiert.

Wenn diese Giganten mit einer Besatzung von 1 000 bis 2 000 Mann später auf den Ölfeldern Ekofisk, Statfjord oder Frigg ihren Dienst tun, bleibt Stavanger ihre wichtigste Versorgungsbasis. Die Arbeit auf den Plattformen, weit draußen auf der stürmischen Nordsee, ist alles andere als ein Zuckerschlecken, und so freut sich jeder an Bord, wenn er nach 14 Tagen Plackerei wieder für drei Wochen an Land darf. Sind dann die Hubschrauber mit den abgelösten Besatzungen an Bord im Anflug auf die Küste, polieren die Wirte in Stavangers zahlreichen Kneipen schon mal die Gläser: Die Ölarbeiter, die an ihrer Arbeitsstätte keinen Alkohol trinken dürfen, sind für ihren Durst berühmt. Und weil Bier auf norwegisch auch noch *Øl* heißt, geht ihnen die Bestellung des teuren Gerstensafts wohl besonders leicht über die Lippen.

So kommt es, daß in den Straßen der Innenstadt besonders Freitag- und Samstagabend mächtig was los ist. Stavanger gilt als eine der lebhaftesten Städte des ganzen Landes mit einem speziellen internationalen Flair, das sich besonders in den vielen ausländischen Restaurants bemerkbar macht.

Obwohl das Geschäft mit dem Öl aufgrund sinkender Weltmarktpreise seit einigen Jahren nicht mehr das ganz große Geld bringt, merkt man es besonders der sauber renovierten Altstadt noch immer an, daß bei der Erhaltung von Stavangers historischer Bausubstanz nicht gespart wurde.

Hier, in *Gamle Stavanger* mit seinen weißen Holzhäusern, seinen mit Natursteinen gepflasterten Straßen und gepflegten, kleinen Vorgärten befindet sich auch das *Hermetikmuséet*, das als einziges Konservenmuseum der Welt an den ersten „Ölboom" der Stadt erinnert. In den Räumen der alten Fabrik der Firma *Venus Packing* – sie hatte unter anderem so wohlklingende Dauerfischmarken wie *Bella Donna*, *Cleopatra* und *Cupid* in ihrem Programm – ist

Blick vom Marktplatz auf den Hafen von Stavanger, zu einer Zeit, in der vom Nordseeöl noch keine Rede war und die Fischkonservenindustrie die wirtschaftlichen Geschicke der Stadt bestimmte.

fast alles noch so wie 1956, als die Fabrik schließen mußte: von den Maschinen zum Sortieren, Köpfen, Räuchern, Verpacken und Sterilisieren der Fische über die Umkleideräume und Toiletten der Belegschaft bis hin zum Sitzungszimmer der Direktion mit dem ovalen, polierten Holztisch und Goldmedaillen an den Wänden. An diversen Schauwänden erfährt der Besucher viel Wissenswertes über das „Silber des Meeres", unter anderem auch über eine gerichtliche Auseinandersetzung aus dem Jahr 1911 zwischen der französischen und der norwegischen Konservenindustrie. Die pikierten Gallier beklagten sich damals, daß die nordischen Konkurrenten zu Unrecht die Bezeichnung „Ölsardinen" auf die Etiketten ihrer Fischdosen druckten. Als Sardine, so argumentierten sie, dürfe nämlich ausschließlich die echte Sardine (sardina pilchardus) bezeichnet werden, und die sei nun mal nur im Mittelmeer und im Atlantik heimisch, keinesfalls aber in der Nordsee. Die Franzosen gewannen den Prozeß, und seither durften die Norweger ihre Brislinge (sardina sprattus) und Sprotten (clupea sprattus) nicht mehr als Sardinen ins Öl oder in die Tomatensauce legen – sie schmeckten aber als *Sildsardinen* oder *Brislingsardinen* genauso gut.

Die Südküste und ihr Hinterland

Wer aus dem Norden mit seinen auch im Sommer bisweilen recht kalten und unwirtlichen Regionen zum ersten Mal an die Südküste kommt und dort fröhlich im Meer badende Menschen sieht, wird sich im ersten Moment vielleicht überrascht die Augen reiben. Aber es ist kein Traum, es ist wahr: Erstens gehen die abgehärteten Nachfahren der Wikinger schon bei Temperaturen ins Wasser, die bei Mitteleuropäern noch eine Gänsehaut verursachen, und zweitens ist im *Sørlandet,* dem südlichsten Zipfel der norwegischen Landmasse, das Klima tatsächlich viel milder als in den eher rauhen Nordprovinzen. Nicht umsonst verbringen die meisten Norweger, sofern es sie nicht gleich in viel weiter südlich gelegene Gefilde zieht, ihren Urlaub an dem Küstenabschnitt zwischen Egersund im Westen und Larvik im Osten. Hier gibt es nicht nur – für norwegische Verhältnisse – Sonne im Überfluß, sondern auch feine, zwischen Felsen und Kiefernwäldchen eingestreute Sandstrände. Unzählige dem Festland vorgelagerte Schäreninseln locken den Bootsfahrer, und malerische Ortschaften mit weißen und roten Holzhäusern versprechen eine gemütliche und entspannte Urlaubsatmosphäre. Bettenburgen oder Touristenghettos mit organisiertem Remmidemmi für scharenweise einfallende Pauschalurlauber sucht man

Eine Alm – Seter genannt – auf einem Fjell der Telemark. Früher wurde hier im Sommer der würzige Hüttenkäse hergestellt.

hier an der „norwegischen Riviera“ vergebens.
Eine Hütte im Sørlandet, vielleicht sogar mit kleinem Bootshaus, ist für viele Bewohner von Oslo, Stavanger oder Bergen das höchste der Gefühle. Das meist hölzerne Wochenendhäuschen, in der Landessprache *Hytta* genannt, ist so typisch norwegisch wie Trockenfisch und Käsehobel. Über 400 000 dieser Freizeitbehausungen soll es im ganzen Land geben, und das bei einer Gesamtbevölkerung von nicht einmal viereinhalb Millionen Menschen! So individualistisch wie die Norweger selbst sind auch ihre Hütten, von denen nur selten eine der anderen gleicht. Von der aufgelassenen Almhütte mit Grasdach bis zur im Wasser stehenden Rorbu auf den Lofoten gibt es eine schier unerschöpfliche Bandbreite von Variationen zum Thema Hytta. Nur eines sollte das Feriendomizil möglichst haben: eine schöne Lage mitten in der Natur – je nach Geschmack des Mieters oder Besitzers im Wald, auf dem Fjell, am Meer oder an einem stillen See. Weil die meisten dieser Zweitbehausungen die in sie gesetzten Erwartungen auch erfüllen, kann man *Hytteferien* in Norwegen eigentlich nur empfehlen – nur sollte man sie möglichst frühzeitig buchen, denn gerade in den Sommerferien sind die Hütten heiß begehrt.
Aber es muß ja nicht immer der Sommer sein, auch im Winter kann man so ein kleines Holzhäuschen durchaus nutzen, besonders wenn es in der Telemark liegt, dem Hinterland der Sørlandsküste. Daß hier, in dieser landwirtschaftlich nur wenig genutzten Berg-, Seen- und Waldlandschaft die Wiege des Skisports stand, belegen auch heute noch Ausdrücke wie die Telemark-Bindung und der Telemark-Schwung. Längst haben sich die Skier auch in der Telemark vom unerläßlichen Fortbewegungsmittel zum Freizeitgerät für Loipen und Abfahrten gemausert, mit dem man zum Beipiel am Gaustatoppen seinen Spaß haben kann, der mit 1 883 Metern der höchste Berg der Telemark ist.
Wer es abenteuerlicher liebt, kann sich – Kondition und Durchhaltevermögen vorausgesetzt – an die winterliche Durchquerung der nördlich von der Telemark gelegenen Hardangervidda machen. Mit einer Ausdehnung von gut 9 000 Quadratkilometern bietet diese größte Hochebene Norwegens mit gut markierten Routen und einem relativ dichten Netz von bewirtschafteten Hütten dem unerschrockenen Skiwanderer die Gelegenheit, vier Tage lang neben Eis, Schnee und einem durch Mark und Bein gehenden Wind vor allem dem eigenen inneren Schweinehund zu trotzen.
Ein ähnlich extremes Erlebnis, allerdings ohne körperliche Anstrengung, kann man in den Wintermonaten bisweilen auf einer Fahrt mit der zwischen Oslo und

Das Ibsen-Haus in Grimstad. Hier lebte der große Dramatiker, der in Grimstad eine Apothekerlehre absolvierte, von 1847 bis 1850.

Henrik Ibsen im Jahr 1899. Er wurde 1828 in Skien in Südnorwegen geboren und starb 1906 in Oslo.

Bergen verkehrenden *Bergenbahn* haben, deren landschaftlich reizvolle Strecke im Norden der Hardangervidda auf 1 222 Metern über dem Meeresspiegel ihren höchsten Punkt erreicht. Hier liegt der Schnee manchmal so hoch, daß der Zug trotz vorgespanntem Schneepflug stundenlang in der weißen Pracht steckenbleibt. Während draußen geschaufelt wird, lassen drinnen Skiurlauber die Flaschen kreisen.
Die Eisenbahnen waren lange Zeit für den Süden Norwegens die gleiche Lebensader wie die Schiffe der Hurtigrute für den Norden. Außer der eben erwähnten Bergenbahn gibt es noch die *Sørlandsbahn,* die in knapp viereinhalb Stunden zwischen Oslo und Stavanger verkehrt. Eisenbahnfahren hat in Norwegen, wo das Schienennetz zur Hälfte aus Kurven und zu drei Vierteln aus Steigungen oder Gefällen besteht, bisweilen noch etwas Pionierhaftes an sich – kilometerweit zwischen Schallschutzdämmen verlaufende Hochgeschwindigkeitsstrecken sucht man hier vergebens. Trotzdem sind die Züge sicher, schnell und komfortabel, und wegen der oftmals grandiosen Aussicht vor den Fenstern zu jeder Jahreszeit eine lohnende Alternative zum Auto.
Einen Ausflug in die Geschichte der norwegischen Eisenbahn kann man im Sørlandet auf der Strecke der alten *Setesdalbahn* machen, wo den Sommer über eine bestens in Schuß gehaltene Dampflok mit alten Holzwaggons unterwegs ist. Auch wenn von den 78 Kilometern Schmalspurgleis aus dem Jahr 1896 nur noch fünf zwischen den Orten Grovane und Beihølen übriggeblieben sind, so hat es die Strecke entlang des Flusses Otra mit ihren vielen Kurven, Brücken und Tunnels durchaus noch in sich.

Aus derselben Zeit wie die Setesdalbahn stammt auch der Telemarkkanal zwischen Skien und Dalen, der mittels noch heute handbetriebener Schleusen einen Höhenunterschied von 72 Metern überwindet. Einst für den Transport von Holz aus dem Bergland zur Küste angelegt, ist die stellenweise idyllisch eingewachsene Wasserstraße mittlerweile zu einem Paradies für Kanu- und Sportbootfahrer geworden. Wer nicht über einen eigenen schwimmenden Untersatz verfügt, kann den romantischen Kanal an Bord der Ausflugsdampfer *Victoria, Telemarken* oder *Henrik Ibsen* kennenlernen.
Daß der Dichter Ibsen als Namenspatron für ein Touristenschiff herhalten muß, hat hier durchaus seine Berechtigung. Schließlich wurde Norwegens großer Dramatiker am 20. März 1828 in Skien, dem südlichen Endpunkt der Kanalfahrt, geboren. Hier steht noch immer das Gehöft Venstøp, auf dem Ibsen seine Jugend verbracht hat. Heute ist es ein Museum, ebenso wie die Apotheke in dem hübschen Badestädtchen Grimstad, wo Ibsen drei Jahre lang eine ungeliebte Lehre absolvieren mußte. Im Hinterzimmer seiner Arbeitsstätte schrieb das junge Genie sein erstes Drama „Catilina", das noch heute bei den Ibsenfestspielen von Grimstad aufgeführt wird.

Die alte Festungsstadt Kristiansand

Verlegen kichernd treten die Damen vom Kaffeekränzchen noch ein paar Schritte nach rechts und stellen sich vor dem Monstrum aus grauem Stahl in Positur.
„Genau so!" sagt der ältere Herr mit der Kamera und drückt ab, das Objektiv ein wenig nach oben gerichtet, damit er auch wirklich das mächtige Kanonenrohr mit aufs Bild bekommt, das über den Köpfen der drei Frauen steil in den Himmel ragt.
Die Firma Friedrich Krupp in Essen, so liest er wenig später aus einem Prospekt des 1994 eröffneten *Kanonenmuseums Kristiansand* vor, hat die 38-cm-Kanone – derselbe Typ wurde auch auf den Schlachtschiffen *Bismarck* und *Tirpitz* verwendet – im Jahr 1940 hergestellt. Ein Jahr später wurde sie in die lange Reihe von Batterien eingegliedert, welche die Wehrmacht an der Küste des besetzten Norwegen baute, um etwaige britische Angriffe von der See her abzuwehren. Eine Granate dieser Kanone wog 800 Kilogramm und konnte auf eine Entfernung von 20 Kilometern selbst die dickste Panzerung durchschlagen. Das reichte, wie die alten Damen mit einem leichten Schaudern zur Kenntnis nehmen, vollkommen aus, um auch ein schweres Schlachtschiff zu versenken.
Nachdem die Deutschen abgezogen waren, ging die Batterie von Møvik, die über einem der schönsten Badestrände in der ganzen Umgebung thront, in die Hände der norwegischen Armee über, die an dem 337 Tonnen schweren Koloß aus Deutschland ihre Artilleristen ausbildete. 1952 feuerte die Kanone ihren letzten Schuß ab, und mehr als vierzig Jahre danach wurde der gesamte Komplex, in dem ursprünglich einmal vier Geschütze gestanden hatten, als Museum der Stadt Kristiansand übergeben.
Militärische Hinterlassenschaften sind für die Stadt an der engsten Stelle des Skagerraks nichts Neues. Hier, wo die dänische Küste näher ist als an irgendeinem anderen Punkt Norwegens, ließ der dänisch-norwegische König Christian IV. die mächtige, zur Abwehr einer Invasion von der See her dienende Festung Christiansholm erbauen, die allerdings erst gegen Ende des 17. Jahrhunderts von seinen Nachfolgern vollendet wurde. Über zweieinhalb Jahrhunderte wurden ihre Kanonen lediglich zu Übungszwecken gebraucht, bis sie 1940 die anrückende deutsche Flotte unter Feuer nahmen. Allerdings konnten deren Schiffe den von Grünspan überzogenen Messingrohren, die noch heute auf den Wällen von Christiansholm stehen, keinen Schaden zufügen. Der geduckte Rundbau aus grauem Naturstein dient inzwischen ausschließlich friedlichen Zwecken – hier finden laufend Konzerte und Kunstausstellungen statt.
Die Stadt Kristiansand wurde im Jahr 1641 von Christian IV. gegründet. Dem Besucher fällt sofort der streng geometrische Bauplan auf, der die Ansiedlung ähnlich wie bei einem Schachbrettmuster in 54 Rechtecke aufteilt. Obwohl die ursprüngliche Bebauung dieser einzigen Renaissance-Stadt Norwegens diversen Bränden zum Opfer gefallen ist, gibt es hier noch eine ganze Reihe von sehenswerten Holzhäusern, zwischen die sich relativ harmonisch neuere bis neueste Architektur mischt. Auch der von 1882–1895 im neugotischen Stil erbaute Dom hatte drei Vorgänger, die allesamt ein Raub der Flammen wurden.
Früher war Kristiansand, wo 1808 der Dichter Henrik Wergeland geboren wurde, ein wichtiger Exporthafen für das Holz der Telemark; heute, im Zeitalter des Tourismus, gilt die Stadt wegen ihrer Nähe zu Dänemark als das bequemste Tor nach Norwegen. Dementsprechend frequentiert ist der Fährhafen, von dem aus Schiffe nicht nur nach Hirtshals und Hanstholm in Dänemark, sondern auch nach Harwich, Newcastle und Amsterdam auslaufen.

Kongsberg und seine Silberminen

Manche sehen aus wie ein unentwirrbares Knäuel von Metallfäden, andere wiederum wie die bizarren Ergebnisse eines silvesterlichen Bleigießens oder wie phantastische Fabelwesen. Ein jeder erkennt etwas anderes im natürlichen Formenreichtum der mattschimmernd in ihren Schaukästen liegenden Rohsilberstücke, die im Lauf von über drei Jahrhunderten zusammengetragen wurden und nun im Bergwerksmuseum von Kongsberg besichtigt werden können.

Die alte Festungsstadt Kristiansand, 1641 von Christian IV. gegründet, vor dem Zweiten Weltkrieg, in dem sie mehrmals bombardiert wurde.

Ob die Klumpen des begehrten Edelmetalls, die zwei Hirtenkinder 1623 im Lågendal am östlichen Rand der Telemark fanden, ähnlich dekorativ aussahen wie die Prachtstücke in den Museumsvitrinen, ist zwar nicht überliefert, aber beeindruckend müssen sie schon gewesen sein, sonst wäre König Christian IV. bestimmt nicht höchstpersönlich an den Fundort gereist. Kaum hatte der spätere Gründer von Kristiansand die Silberbrocken in Augenschein genommen, sicherte er sich auch schon die Schürfrechte in der Umgegend und gab Befehl, dort mit dem Bau einer neuen Stadt zu beginnen, die Konningensberg heißen sollte – später wurde Kongsberg daraus. Bei den Bauern, auf deren Land die neuen königlichen Silberminen entstehen sollten, sorgte diese Entscheidung gehörig für Ärger, verletzte sie doch das Bergwerksgesetz aus dem Jahr 1539, aufgrund dessen den Entdeckern neuer Bodenschätze auch deren Ausbeutung zustand.
Aller Protest half nichts: Bald rückten die ersten Bergleute an und machten sich daran, mit dem in Kongsberg geförderten Silber das Staatssäckel zu füllen. Weil sich aber das begehrte Erz in extrem hartem Gestein versteckte und zudem recht bald Grundwasser in die mühevoll ausgemeißelten Schächte eindrang, warf die Unternehmung zunächst weitaus weniger Profit ab, als der König sich erhofft hatte. In seiner Not wandte sich Christian IV. an den Herzog von Braunschweig, der ihm auch prompt 30 seiner erfahrensten Hauer aus dem Harz als technische Berater schickte. Diesem ersten Kontingent sollten bald so viele deutsche Knappen und Steiger folgen, daß schließlich die noch heute größtenteils erhaltenen Arbeitsberichte der Gruben komplett in deutscher Sprache verfaßt wurden.
Die Deutschen, damals im Bergbau europaweit führend, statteten die Zechen von Kongsberg nach und nach mit den modernsten Anlagen des 17. und 18. Jahrhunderts aus. Um die Gruben grundwasserfrei zu bekommen, bauten sie hölzerne Kolbenpumpen, die über eine ausgeklügelte Gestängekonstruktion von großen Wasserrädern angetrieben wurden. Weil es in der Gegend um Kongsberg nicht genügend Flüsse und Bäche zum Betrieb dieser bis zu zehn Meter hohen Schaufelräder gab, wurde nach Entwürfen des Grubendirektors Heinrich Schlanbusch ein System von Stauseen und Aquädukten angelegt, das noch immer die Landschaft entscheidend prägt. Auf den Pfaden, die einst zur Instandhaltung dieser Zeugen früher Ingenieurskunst angelegt wurden, kann man heute ausgedehnte Wanderungen unternehmen, die einen unter anderem auch zu den Überresten von fast 90 aus Feldstein erbauten Häusern für die Wasserräder führen.
Der für die damalige Zeit enorme technische Aufwand sollte nicht lange ohne Erfolg bleiben. Bis Mitte des 18. Jahrhunderts verwandelten sich die Silberminen mit Namen wie *Gott-allein-die-Ehre, Beständige Liebe* oder *Gottes-Hülfe-in-der-Noth* in finanzielle Goldgruben, in denen im Spitzenjahr 1778 etwa 4 000 Bergarbeiter beachtliche 8 258 Kilogramm Silber förderten.
Bald wurde Kongsberg mit 10 000 Einwohnern die nach Bergen zweitgrößte Stadt des Landes. Damit diese vielen Menschen vor lauter Arbeit ihr Seelenheil nicht vernachlässigten, ließ der deutsche Oberberghauptmann Joachim Andreas Stuckenbrock von 1740 bis 1761 anstelle eines abgebrannten Vorgängerbaus eine geräumige Backsteinkirche errichten, zu deren Form er vermutlich von der Garnisonskirche in Potsdam inspiriert worden war. Das imposante Gotteshaus, einer der größten Barockbauten Norwegens, bietet 2 400 Gläubigen Platz und hat eine Inneneinrichtung im Stil des Rokoko, bei der besonders die 1750 hergestellten gläsernen Kronleuchter ins Auge fallen – sie gelten als die schönsten in ganz Norwegen.
Gegenüber der Kirche befindet sich ein zweistöckiges, weißgestrichenes Holzgebäude, in dem seit 1783 für lange Zeit das 26 Jahre zuvor nach deutschem Vorbild gegründete *Bergseminar* seinen Sitz hatte. Nicht weit davon entfernt, im ehemaligen Schmelzhaus der Staatlichen Münzanstalt, ist heute das Kongsberger Bergwerksmuseum untergebracht, das neben vielen unter Tage gebräuchlichen Gerätschaften auch sehr anschaulich zeigt, wie aus dem hier geförderten Silber Hartgeld und Gedenkmedaillen geprägt wurden.
Wer dort Lust darauf bekommt, selbst einmal in ein Silberbergwerk einzufahren, sollte unbedingt die *Kongens Gruve* im sieben Kilometer entfernten Saggrenda aufsuchen. Seit 1958, als die letzte Mine im Bereich Kongsberg die mittlerweile unrentabel gewordene Förderung einstellte, dient diese einstmals größte aller 80 Gruben als lebendiges Museum für den Silberbergbau. Nachdem der Besucher einen gelben Schutzhelm verpaßt bekommen hat, bringt ihn eine 2,3 Kilometer lange Grubenbahn 300 Meter tief unter die Erde. Dort erwartet ihn neben einer anschaulichen Demonstration der harten Arbeitsbedingungen unter Tage auch eine sogenannte *Fahrkunst* von 1881, ein erstaunlich gut erhaltener Personenaufzug, der immer noch für Demonstrationszwecke in Bewegung gesetzt werden kann. Er besteht im wesentlichen aus zwei langen hölzernen Stangen, die eng beieinander stehen und sich abwechselnd auf und ab bewegen. In regelmäßigen Abständen sind an den Stangen kleine Holzplattformen angebracht, auf denen je ein Bergmann Platz fand. Durch regelmäßiges Umsteigen auf die sich jeweils nach unten bewegende Plattform konnte man sich von diesem einfachen Mechanismus mühelos hinunter in den Schacht befördern lassen, wollte man hingegen wieder hinauf ans Tageslicht, so mußte man die gerade nach oben gehenden Plattformen abpassen.

Schattenspiel auf Gletscherschliff – vom Eis glattgeschmirgelter Felshang am Fyresvatn in der Telemark.

Auch auf den nacktesten Felsen finden sie noch eine Heimat: bläuliche Flechten und braune Algen in der Nähe des Fyresvatn.

Was ist hier Spiegelung,
was Wirklichkeit? Ein
herbstliches Vexierbild
oberhalb des Sognefjords.

Ein Felsenmeer mit Vegetationsinseln – geradezu unwirklich mutet diese Landschaft im Bezirk Drangedal der Telemark an.

Blaugrau, Purpur und zartes Gelb – herbstliche Pastellfarben in der Telemark.

Der Bondhusbreen, eine Zunge des zwischen dem Hardanger- und dem Sørfjord gelegenen Folgefonn-Gletschers, setzt dieser stillen Landschaft ein eisiges I-Tüpfelchen auf.

Der Låtefoss im Norden der Telemark gilt als einer der schönsten Wasserfälle Norwegens.

Blick auf den Fluß Otra, der durch das romantische Setesdal fließt. Erst seit 1938 kann man dieses lange Zeit abgeschiedene Tal über eine durchgehende Straße erreichen. Von der Eisenbahn, die es von 1896 bis 1962 erschloß, sind noch fünf Kilometer als Museumsstrecke übriggeblieben.

Wie Wellen aus Stein wirken die Uferfelsen, die der Fluß Otra im Lauf von vielen Jahrtausenden in diese ungewöhnliche Form geschliffen hat.

Ein wahres Labyrinth aus Fjorden und Inseln erwartet den Reisenden südlich von Ålesund. Beschauliche Flecken wie Sylte am Vanylsfjord sind hier keine Seltenheit.

Wer möchte hier nicht seinen Sommerurlaub verbringen? Von einem Haus in solch traumhafter Lage wie dieser am Hardangerfjord träumen Norweger und Touristen gleichermaßen.

Tysk Bryggen – deutsche Brücke – hieß dieser Stadtteil am alten Hafenbecken von Bergen bis zum Zweiten Weltkrieg. Seither wird diese Häuserzeile, in der einst Kaufleute der Hanse ihre Geschäfte abwickelten, nur noch Bryggen genannt.

Das Haus mit Sportboot vor der Terrasse – in Åna-Sira an der Südwestküste ist das kein Traum, sondern Wirklichkeit.

Spät geht die Sonne im nordischen Sommer unter, und oft zaubert sie dabei eine so weiche, rötliche Lichtstimmung auf die Berge wie hier am Lysefjord.

Moos gedeiht prächtig auf diesem Schieferdach bei Rosendal, was wohl am relativ feuchten Klima westlich des Folgefonn-Gletschers liegt.

Schwarzes Gold und weiße Häuser – mit den Geldern aus dem Ölgeschäft hat die Stadt Stavanger ihre Altstadt vorbildlich saniert.

Eine bläuliche Symphonie aus Fluß und Berg – Landschaftsimpression in der Telemark.

Wie Spielzeug wirken diese seit etwa 90 Jahren verlassenen Häuser, die sich bei Jøssinghamn östlich von Åna-Sira unter einen gewaltigen Felsüberhang ducken. Prähistorische Funde belegen,daß hier bereits in der Steinzeit Menschen lebten.

Hunderte von Metern geht es hier fast senkrecht nach unten: Felswände am Lysefjord.

Oslo – Norwegens grüne Hauptstadt

Wikingerschiffe und Langlaufloipen

Wenn man sich Anfang unseres Jahrhunderts in der Innenstadt von Oslo – das damals noch Kristiania hieß – seine Uhr stellen wollte, brauchte man sich nur am späten Vormittag vor der Universität in der Karl Johans Gate aufzuhalten und auf den kleinen, alten Mann mit dem schneeweißen Backenbart und dem Zylinder zu warten, der tagtäglich vom Drammensveien her die Prachtstraße entlanggetippelt kam. Exakt 267 Schritte von seiner Wohnung entfernt blieb der Mann stehen, zog sein Taschenchronometer hervor und blickte hinauf zur großen Uhr am Universitätsgebäude. Der Zeitvergleich war überflüssig, denn es war immer elf Uhr fünfzehn, keine Minute später und keine Minute früher.

Der alte Herr mit den festen Gewohnheiten, von dem diese nette Anekdote noch heute gerne erzählt wird, war der Dramatiker Henrik Ibsen, der 1891 nach einem langjährigen Auslandsaufenthalt in seine norwegische Heimat zurückgekehrt war.

Die Karl Johans Gate, wo Ibsen täglich im Grand Café einkehrte, ist noch heute die wichtigste Straße der ganzen Stadt. Von der Domkirche über das Nationaltheater und die Universität bis hin zum Königsschloß befindet sich an dieser schnurgeraden Ost-West-Achse alles, was dem national gesinnten Norweger lieb und teuer ist.

Nicht vergessen werden darf bei dieser Aufzählung natürlich das Parlament, das 1861 bis 1866 vom schwedischen Architekten E.V. Langlet erbaut wurde. Den geistigen Unterbau zu diesem Gebäude legten 112 gewählte Männer, die in den Ostertagen des Jahres 1814 in Eidsvoll zusammengetreten waren, einem kleinen Ort zwischen Oslo und der Südspitze des Mjøsa-Sees. Damals herrschte dramatische Aufbruchstimmung im ganzen Land, denn die mit Napoleon verbündeten Dänen, die über 400 Jahre lang über Norwegen geherrscht hatten, waren soeben nach einem kurzen Krieg von den Schweden besiegt worden.

Prompt witterten die Norweger Morgenluft, und eine eilends ins Haus des Eisenwerksbesitzers Carsten Anker in Eidsvoll einberufene verfassunggebende Nationalversammlung verabschiedete am 17. Mai 1814 nach nur sechswöchigen Beratungen nicht nur das damals fortschrittlichste Grundgesetz Europas, sondern erklärte Norwegen auch zu einem souveränen Staat. Dabei spielten jedoch die gegen Napoleon verbündeten Großmächte nicht mit – schließlich hatten sie das Land im Kieler Frieden vom Januar 1814 bereits den siegreichen Schweden zugeschlagen. Nach einer kurzen militärischen Auseinandersetzung mußten sich die Norweger schließlich beugen, und das von der Nationalversammlung eingerichtete Parlament trug zähneknirschend dem schwedischen König Karl Johan die norwegische Krone an. Die in Eidsvoll beschlossene Verfassung wurde allerdings nicht zurückgenommen, und damit hatte das vom Volk gewählte *Storting* bei weitem mehr Einfluß auf die Geschicke des Landes als viele andere Parlamente im damaligen Europa.

Diese Wichtigkeit drückt sich auch in der Lage des aus Granit und gelben Backsteinen errichteten Parlamentsgebäudes aus, in dem noch heute die norwegischen Volksvertreter tagen. Wie ein ruhender Pol markiert der ansonsten eher an ein Kleinstadttheater erinnernde Bau genau die Mitte der von Karl Johan geschaffenen und nach ihm benannten Prachtstraße, die zu seinem von 1823 bis 1848 neu erbauten königlichen Schloß führt.

Bis zu seiner Fertigstellung residierten die Könige in der 1299 von Håkon V. Magnusson erbauten Festung Akershus, die Christian IV. in ein Renaissance-Schloß umbauen ließ. Christian war es auch, der Oslo nach dem dreitägigen Brand von 1624 in der Nähe der Festung neu errichten ließ und dem Ort bei dieser Gelegenheit auch gleich den Namen Kristiania gab, den die Bürger erst 1924 wieder in Oslo zurückänderten.

Heute ist die Festung Akershus mit ihren Blumenrabatten und alten Bäumen eine Oase der Ruhe in der Hektik der Stadt. Hier haben nun das *Norwegische Verteidigungsmuseum* und das *Heimatfrontmuseum* ihren Sitz, in denen Sammlungen zur Militärgeschichte des Landes sowie eine Dokumentation des Widerstandes gegen die deutsche Besatzung untergebracht sind.

Anders als das hinter seinen Wällen versteckte Akershus gibt sich das Stadtschloß am Drammensveien Nr. 1 sehr viel weltoffener. Obwohl hier noch immer die Königsfamilie wohnt, steht beispielsweise der Schloßpark das ganze Jahr über jedem offen, und wer will, kann sogar unbehelligt durch die Fenster im Erdgeschoß ins Innere des Gebäudes schauen. Am 17. Mai, dem norwegischen Nationalfeiertag, verwandelt sich der Platz vor dem Schloß in ein Meer aus roten Fahnen mit dem blau-weißen norwegischen Kreuz, mit denen das Volk der von der Freitreppe huldvoll grüßenden königlichen Familie begeistert zuwinkt.

Vor etwas mehr als neun Jahrzehnten sah die offizielle norwegische Flagge noch ein wenig anders aus – damals waren im linken oberen Quadranten noch die gelb-blauen Farben Schwedens zu sehen. Als Schweden 1905 dem norwegischen Wunsch nach eigenständigen diplomatischen Vertretungen im Ausland nicht nachgab, wurde diese „Unionsflagge“

Schloß und Festung Akershus um 1835 – vor diesen Mauern herrscht heute das hektische Treiben des Osloer Hafens.

Christian IV. (1577–1648) ließ die Stadt Oslo nach einem Brand in die Nähe der Festung Akershus verlegen und benannte sie dabei in Kristiania um.

für immer eingeholt, und Norwegen erklärte sich zu einem vollkommen souveränen Staat.
Zunächst drohten die Schweden mit Krieg, schließlich aber gaben sie nach. Norwegen bekam seine Unabhängigkeit und ins Königsschloß zog ein neuer Hausherr ein, der per Volksabstimmung gewählte Prinz Carl von Dänemark.
Einer der Nachbarn des frischgebackenen Monarchen, der sich fortan Håkon VII. nannte, war übrigens Henrik Ibsen, der Spaziergänger von der Karl Johans Gate, der aus einem Fenster seiner Wohnung in der Arbinsgate Nr. 1 einen guten Blick auf das Schloß jenseits des Drammensveien hatte. Wer heute diesen Blick genießen will, muß in der Diele der 300-Quadratmeter-Wohnung allerdings erst einmal durchsichtige Plastiküberzieher über sein Schuhwerk streifen.
„Es ist wegen der wertvollen Linoleumböden", erklärt die Führerin des 1994 neu eröffneten Henrik-Ibsen-Museums und läßt eine kleine Gruppe von vorangemeldeten Gästen ins Arbeitszimmer des Meisters eintreten. Alles, so versichert die junge Frau, ist hier genauso, als wäre Ibsen nur mal zu einem seiner mittäglichen Spaziergänge aufgebrochen: von den zwei Schreibtischen über Sessel, Lampen, Bilder und einen Globus bis hin zum Porträt des schwedischen Dichters und Malers August Strind-

Die Karl Johans Gate, die Hauptstraße Oslos, um die Jahrhundertwende. Oben links das von 1823–1848 erbaute neue Schloß, in dem noch heute die königliche Familie lebt.

berg, das Ibsen ganz bewußt an der Wand schräg hinter seinem Arbeitsplatz aufgehängt hat, um beim Schreiben ständig den stechenden Blick seines Erzrivalen im Nacken zu spüren.

Leider ist das grün gestrichene Arbeitszimmer der bisher einzige von insgesamt elf Räumen in der Wohnung, der wieder in seinen ursprünglichen Zustand versetzt wurde. Zwei weitere, der Rote und der Blaue Salon, sind bereits in ihren Originalfarben gestrichen, aber noch nicht mit den authentischen Möbeln ausgestattet. Nach und nach wolle er die ganze Wohnung wieder so herrichten, wie sie bei Ibsens Tod am 23. Mai 1906 war, sagt Erik Henning Edwardsen, der Leiter des Ibsen-Museums. Allerdings brauche es geradezu detektivisches Gespür und eine Menge harter Arbeit, um das in alle Himmelsrichtungen verstreute Originalmobiliar wieder zusammenzutragen und den Rest der Einrichtungsgegenstände anhand alter Photos nachfertigen zu lassen.

Diese Sisyphusarbeit hätte ihm die Stadt Oslo ersparen können, wenn sie 1914, nach dem Tod von Ibsens Frau Suzannah, die ihr angebotene Wohnung mitsamt Einrichtung erworben hätte. Die Stadtväter lehnten, ebenso wie der norwegische Staat, dankend ab, und so wurde die Wohnung neu vermietet und viele Jahre lang als Zahnarztpraxis genutzt. Erst als sie schließlich Anfang der neunziger Jahre ein bekannter Schauspieler mietete und darin Ibsen-Lesungen veranstaltete, entschloß sich die Stadt nach einem guten Dreivierteljahrhundert doch noch dazu, die Wohnung anzukaufen und in ein Museum für den größten norwegischen Dramatiker zu verwandeln.

Dabei können die städtischen Museumsmacher noch von Glück sagen, daß ihnen wenigstens Ibsens Arbeitszimmer im Originalzustand erhalten geblieben war. Ibsens Sohn Sigurd hatte es vor 80 Jahren dem *Norsk Folkemuseum* geschenkt, wo es bis vor kurzem zu sehen war. Das bedeutende kulturhistorische Museum kann den Verlust wohl verschmerzen, schließlich bietet es mit seinen 170 historischen Gebäuden, darunter die 1881 hierher versetzte Stabkirche von Gol, dem Besucher ohnehin schon mehr, als er an einem einzigen Tag besichtigen könnte.

Auf die Halbinsel Bygdøy, die neben dieser Freilichtsammlung noch vier weitere Museen beherbergt, kann man zwar auch mit dem Bus gelangen, ein sehr viel angenehmeres Beförderungsmittel aber sind die vom Westbahnhof aus verkehrenden Boote. Die etwa zehn Minuten dauernde Überfahrt lohnt sich allein schon wegen des schönen Blicks, den man vom Wasser aus auf Oslo und die Festung Akershus hat.

Das Parlamentsgebäude im Jahr 1904, ein Jahr, bevor sich Norwegen aus der Union mit Schweden löste.

Der per Volksabstimmung angenommene dänische Prinz Carl leistet im Jahr 1905 seinen Eid als der neue norwegische König Håkon VII. Rechts neben ihm Königin Maud.

Aus dieser Perspektive wird das Stadtbild eindeutig von dem wuchtigen braunroten Rathaus beherrscht, das seine beiden über 60 Meter hohen Türme hinter einer platten Ziegelfassade wie eine klotzig-unzugängliche Gralsburg in den Himmel reckt. Die Bauzeit des mit Backsteinen verkleideten Betonbaus zog sich wegen des Zweiten Weltkriegs von 1931 bis 1950 hin. Das Innere des Rathauses wurde seinerzeit von den namhaftesten Künstlern Norwegens gestaltet und ist auf alle Fälle einen Besuch wert. Man muß ja hier nicht gleich den Bund der Ehe schließen, wie es viele junge Paare jeden Freitag und Samstag tun, die sich im mit hellem Holz getäfelten Munch-Zimmer unter dem berühmten *Livet*-Zyklus des großen norwegischen Malers trauen lassen.

Den Werken von Edvard Munch (1863–1944) ist in Oslo übrigens ein ganzes, 1963 erbautes Museum in der Tøyengate gewidmet, das Malerei und Graphik in ständig wechselnden Ausstellungen präsentiert. Den gesamten Nachlaß Munchs auf einmal der Öffentlichkeit zu zeigen, wäre ein Ding der Unmöglichkeit, denn der Wegbereiter des Expressionismus hat der Stadt Oslo sage und schreibe 1 026 Gemälde, 4 473 Zeichnungen, 15 391 Graphiken und sechs Skulpturen übereignet.

Verglichen mit dem schlichten, geschlossenen Bau des Rathauses wirkt das nicht weit davon entfernte Einkaufs-, Geschäfts- und Wohnzentrum *Aker Brygge* geradezu verspielt und filigran. Ende der achtziger Jahre entstand hier auf dem Gelände der stillgelegten Traditionswerft *Aker Mekaniske Verksted* ein Konsum- und Kulturtempel, der anfangs nicht gerade auf die ungeteilte Zustimmung der Einwohner Oslos stieß. Mittlerweile aber hat sich die wild zusammengewürfelte Mischung aus Teilen der alten Werfthalle und postmodernen Ziegel-, Glas- und Stahlbauten zu einem lebendigen neuen Stadtteil gemausert, in dem man sogar ausgesprochen hübsch – wenn auch nicht gerade billig – wohnen kann. Auch mit seinen Kinos, Theatern und über 30 Eßlokalen für fast jeden Geschmack setzt Aker Brygge Akzente und dokumentiert damit eine Entwicklung, die Oslo in den letzten zehn Jahren durchgemacht hat: Von der etwas miefigen Beamtenstadt, in der um Mitternacht die Gehsteige hochgeklappt wurden, ist es zu einer modernen europäischen Metropole mutiert, in der man nun nicht mehr stundenlang nach einem Lokal suchen muß, das bis in die frühen Morgenstunden geöffnet hat.

Wie, so könnte man sich auf der Überfahrt zur Insel Bygdøy fragen, würde wohl den Wikingern, die das heutige Stadtgebiet als *Ass Ló*, die Lichtung der Götter, bezeichneten, das moderne Oslo gefallen? Schon lange vor 1048, als König Harald Hardråde hier die Stadt gründete, hatten die Nordmänner an der Mündung des Akerselv in den Oslofjord einen florierenden Handelsplatz. Was würden sie wohl dazu sagen, daß heute der Fluß kurz vor dem Fjord unter den Schienen des Hauptbahnhofs verschwindet? Und was zu den riesigen Fährschiffen, die tagtäglich von Dänemark, Deutschland oder England kommen und fast mitten in der Stadt anlegen?

Natürlich können diese Fragen auch die drei Wikingerschiffe nicht beantworten, die man im *Vikingskipenes Hus* auf der Museumshalbinsel Bygdøy in ihrer vollen Größe bewundern kann. Dafür aber halfen die Ende des vorigen Jahrhunderts im Originalzustand entdeckten Drachenboote den Wissenschaftlern, viele Rätsel über das Leben der einstigen Herren Skandinaviens zu lüften.

Diese Wasserfahrzeuge, die nach ihren Fundorten am Oslofjord *Gokstad-*, *Tune-* und *Osebergschiff* genannt werden, konnten mehr als 1000 Jahre unbeschadet überdauern, weil ihre Erbauer sie nicht als Beförderungsmittel verwendeten, sondern als Begräbnisstätten für mächtige Wikingerfürsten in stark lehmhaltigem Erdreich vergruben. Nicht nur das Holz der Schiffe hat sich so unter Luftabschluß hervorragend erhalten, sondern auch die reichhaltigen Grabbeigaben, von denen aber leider ein gehöriger Teil bereits im Mittelalter schatzsuchenden Plünderern in die Hände fiel. Was die Grabräuber in dem besonders reich ausgestatteten Osebergschiff übrigließen, ist heute in mehreren klimatisierten Vitrinen zu bestaunen: eine ganze Sammlung von Gebrauchs- und Kultgegenständen, darunter mehrere hölzerne Prachtschlitten, ein mit filigranen Schnitzereien verzierter Wagen und vier üppig ornamentierte Tierköpfe, über deren Gebrauch die Altertumsforscher bis heute lediglich Vermutungen anstellen können.

Der große Maler Edvard Munch (1863–1944) hinterließ der Stadt Oslo ein umfangreiches malerisches und graphisches Werk, das seit 1963 in einem eigens dafür erbauten Museum ausgestellt wird.

Und dann sind da natürlich die Schiffe selbst, die drei Flügel des schlichten, kreuzförmig angelegten Museumsbaus einnehmen und so aussehen, als wären sie durch ein Zeitloch direkt aus dem 9. Jahrhundert in das unsere gesegelt. Besonders das Gokstad- und das Osebergschiff, beide etwas über 20 Meter lang und aus dunklem Eichenholz erbaut, stehen noch so komplett da, daß man sich mit ihnen ohne langes Zögern jederzeit wieder auf See wagen würde. Aber der Schein trügt, denn beide Schiffe waren, als sie gefunden wurden, vom Druck der bis zu 30 Meter hohen Grabhügel in viele tausend Einzelteile zersplittert und mußten erst von Wissenschaftlern der Osloer Universität wie ein gigantisches Puzzlespiel in jahrelanger Kleinarbeit wieder zusammengesetzt werden.

Beim Anblick dieser schlanken Boote mit den kühn geschwungenen Achter- und Vordersteven kann man sich gut vorstellen, wie die Wikinger vor 800 Jahren in See stachen. Weil an den heimatlichen Küsten der fruchtbare Ackerboden die sprunghaft angestiegene Bevölkerung nicht mehr ernähren konnte, zogen die Nordmänner los und suchten sich neues Land. Als sie dabei merkten, daß sie mit ihren schnellen und seetüchtigen Schiffen allen anderen Völkern der damaligen Zeit haushoch überlegen waren, verlegten sie sich mehr und mehr aufs Rauben und Plündern von Kirchen und Klöstern, die damals ungeheure Schätze angehäuft hatten. 250 Jahre lang galten die Wikinger, die mit ihren schlanken Drachenbooten auf Flüssen auch weit ins Binnenland vordringen

GLASMAGASINET
ELEPHANT

Früher fand auf dem Stortovet mitten in Oslo regelmäßig ein großer Bauernmarkt statt. 1986 wurde dieser Brauch zum 250jährigen Bestehen des Marktes mit zum Teil historischen Vorbildern nachempfundenen Marktbuden wieder zum Leben erweckt.

So sah das 900 Jahre alte Osebergschiff aus, nachdem man den steinernen Grabhügel darüber abgetragen hatte. Heute ist es originalgetreu restauriert auf der Museumsinsel Bygdøy zu besichtigen.

konnten, als die schlimmste Geißel Europas. Vor allem aber waren sie begnadete Seefahrer, die in der gesamten damals bekannten Welt herumkamen. Wikingerrunen finden sich als eine Art erster Touristengraffiti auf den Schultern eines steinernen Löwen im Hafen von Piräus und sogar in der Hagia Sofia in Istanbul. Auch ist heute unbestritten, daß der Wikinger Leif Erikson auf einer seiner langen Reisen fast 500 Jahre vor Kolumbus jenseits des Atlantiks neues Land entdeckte. Als der Sohn Eriks des Roten die Spitze Neufundlands erblickte und sie *Vinland,* das Land der guten Weiden, nannte, dürfte er sich dabei an Bord eines Drachenbootes befunden haben, das dem Oseberg- und Gokstadschiff bestimmt nicht unähnlich war.

Daß Reiselust und seefahrerisches Können den Norwegern auch in unserem Jahrhundert noch im Blut liegen, beweisen auf sehr anschauliche Weise das Balsaholzfloß *Kon-Tiki* und das Papyrusboot *Ra II,* die beide ebenfalls in einem Museum auf Bygdøy zu besichtigen sind. Man kann ihren Erbauer Thor Heyerdahl getrost einen modernen Wikinger nennen, denn an Wagemut stand er mit seinen aufsehenerregenden Expeditionen seinen abenteuerlustigen Vorvätern in nichts nach. Allerdings ging es Heyerdahl bei seinen spektakulären Überquerungen des Atlantiks und Pazifiks nicht um Gold und Silber, sondern um den Beweis wissenschaftlicher Theorien über die Seereisen früher Völker.

Wer, noch ganz in Gedanken an Heyerdahls Südseeabenteuer, das *Kon-Tiki und Ra-II-Museum* verläßt und ins nur wenige Schritte entfernte Haus der *Fram* tritt, muß sich geistig auf ungleich kältere Gefilde einstellen. Schließlich hat der berühmte Schiffskonstrukteur Colin Archer die Fram 1892 extra für den Einsatz im ewigen Eis entworfen und gebaut. Mit den beiden norwegischen Forscherheroen Fridtjof Nansen und Roald Amundsen gelangte die Fram weiter in den Norden und den Süden unseres Erdballs als jemals ein Überwasserschiff vor oder nach ihr: Mit Nansen trieb sie 1895, festgefroren im Eis, am Nordpol vorbei, 15 Jahre später brach sie von Kristiansand aus unter Amundsen zum Südpol auf, wo der ehrgeizige Forscher am 14. Dezember 1911 als erster Mensch überhaupt sein Zelt aufschlug und die norwegische Flagge hißte.

Heute steht der bullige Dreimastschoner in dem hohen, speziell für seine Beherbergung erbauten *Framhus* und läßt geduldig viele Tausende von Besuchern pro Jahr durch seinen gegen den Druck des Packeises mit Extraspanten verstärkten Bauch krabbeln. Ob nun die einfach, aber gemütlich eingerichteten Kabinen, die mit einem gußeisernen Herd ausgestattete Küche, die von der Mannschaft in den langen Polarwintern aus Walroßzähnen geschnitzten Brieföffner oder die Zangen und Amputationssägen des Schiffsarztes – jeder Gegenstand an Bord erzählt die Geschichte der Entdecker auf seine eigene, unmittelbare Weise, die kein Expeditionsbericht wiedergeben kann.

Das berühmte rote Zelt Amundsens und andere wichtige Ausrüstungsgegenstände von seiner Südpolexpedition sucht man auf der Fram allerdings vergebens. Wer die sehen will, muß die Halbinsel Bygdøy wieder verlassen und mit der Stadtbahn weit hinauf in die *Marka* fahren, das bergige Umland von Oslo.

Die Marka, die weit mehr ist als nur ein simpler Grüngürtel, wie ihn viele andere Städte auch haben, gilt vielen Bewohnern und Gästen Oslos als der

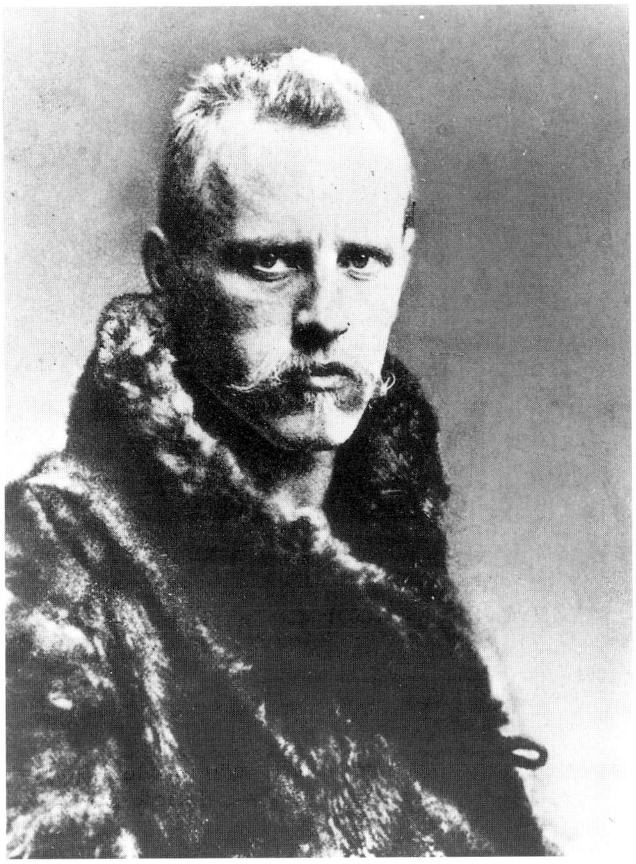

Der Polarforscher Fridtjof Nansen (1861–1930) gab den Auftrag zum Bau der „Fram“, des berühmtesten Forschungsschiffs der Welt (links).

Roald Amundsen (1872–1928) in seiner Skiausrüstung, mit der er als erster Mensch am Südpol war. Ein Teil davon ist im Skimuseum auf dem Holmenkollen ausgestellt (rechts).

schönste Teil der ganzen Stadt. Man möchte es kaum glauben, aber nur ein Drittel des gut 450 Quadratkilometer umfassenden Stadtgebietes von Oslo ist bebaut – der Rest besteht aus Bergen, Wäldern und Seen, die für die zivilisationsgeplagten Großstädter eine einmalige Erholungsgegend darstellen. So ist es im Winter gang und gäbe, daß ein Jungmanager nach der Arbeit die Langlaufskier anschnallt und auf einer der vielen Flutlichtloipen sich den Arbeitsstreß von der Seele läuft. Wer es lieber alpin mag, dem stehen innerhalb der Osloer Gemeindegrenzen immerhin 15 Abfahrten zur Verfügung – wohl keine Großstadt auf der ganzen Welt kann in dieser Hinsicht auch nur etwas entfernt Vergleichbares anbieten.
Der meistbesuchte Punkt in der Marka ist sicherlich der Holmenkollen, auf dem eines der bekanntesten Wahrzeichen Oslos thront: die 1939 erbaute und 1981 zum letzten Mal erweiterte Sprungschanze, die 1952 zu Olympiaehren kam.
Auf dem Vorgänger dieser Schanze nahm 1922 und 1923 der spätere König Olav V. am alljährlich ausgetragenen Holmenkollenspringen teil, aber nicht nur deswegen hat man dem populären Monarchen zu Füßen der hoch in den Himmel ragenden Betonsichel ein Denkmal gesetzt. Bis weit über die 80 frönte der Vater des jetzigen Königs Harald mit seinem Pudel an der Leine in der Marka dem Langlaufsport, wobei er seine Untertanen, denen er dabei recht häufig begegnete, stets freundlich lächelnd grüßte.
An den 1991 verstorbenen Olav und den Rest seiner skibegeisterten Familie erinnert auch eine kleine Abteilung des Norwegischen Skimuseums im Inneren der Holmenkollenschanze, das außerdem viele andere Exponate zur langen Geschichte der schon auf steinzeitlichen Felszeichnungen abgebildeten Schneeschuhe beherbergt. Darunter sind die langen Bretter, auf denen Nansen im Jahr 1888 Grönland durchquerte und eben auch jene Ausstellungsstücke, mit denen Amundsen auf seiner Südpolexpedition Entdeckungsgeschichte geschrieben hat und die eigentlich an Bord der Fram viel besser aufgehoben wären: seine Skiausrüstung, das legendäre rote Zelt und sogar Amundsens ausgestopfter Leithund „Obersten“, der an der Spitze von 51 anderen Huskies noch vor seinem Herrn den Pol betreten hat.

Skibegeisterte Jugendliche neben der Stadtbahnlinie, die hinauf zum Holmenkollen führt. Nach wie vor ist die Liebe der Osloer zu ihrer „Marka“ ungebrochen – in keiner Großstadt der Welt gibt es mehr Langlaufloipen und Skiabfahrten als in der norwegischen Metropole.

Zeittafel zur Geschichte Norwegens

um 10 000 v. Chr. Am Ende der letzten Eiszeit ziehen sich die Gletscher langsam zurück. Menschen siedeln im Süden Norwegens (die ältesten Spuren wurden bisher in der Nähe Stavangers gefunden und datieren aus dem Jahr 9000 v. Chr.).
um 7000 v. Chr. Ganz Norwegen ist eisfrei.
um 4200 – 3600 v. Chr. Die Felszeichnungen von Alta entstehen. Sie geben heute ein aufschlußreiches Bild vom Leben der Menschen in der Steinzeit.
um 1800 – 500 v. Chr. Bronzezeitliche Bauernhöfe entstehen. Das Land wird mit bronzenen Pflugscharen bestellt.
500 v. Chr. – 800 n. Chr. Das Klima wird feuchter und kühler. Im Westen und Norden Norwegens beginnen wieder Gletscher zu wachsen. Die Höfe, in denen mehrere Generationen unter einem Dach leben, werden größer. Es entstehen starke bäuerliche Gemeinschaften, aus denen sich im Lauf der Zeit regionale Kleinkönigreiche entwickeln. Der Gebrauch des Eisens revolutioniert Kriegshandwerk und Landwirtschaft.
793 Erster Bericht von einem Wikingerüberfall auf das Kloster Lindisfarne an der Ostküste Nordenglands.
um 870 Norwegische Wikinger besiedeln Island.
um 900 Harald Schönhaar einigt nach heftigen Kämpfen mit diversen Kleinkönigen Norwegen zum ersten Mal zu einem Reich.
um 980 Wikinger unter Erik dem Roten siedeln sich auf Grönland an.
um 1000 Eiriks Sohn Leiv Eiriksson überquert den Atlantik und entdeckt die Nordspitze Neufundlands.
1000 König Olav Tryggvason, der mit der Christianisierung von Norwegen begann, stirbt beim Kampf gegen die abtrünnigen Kleinkönige aus dem Trøndelag in der Seeschlacht im Øresund.
1015 Olav II. (später der Heilige) kommt auf den Thron und setzt die Christianisierung des Landes fort.
1030 Olav II. fällt am 29. Juli in Stiklestad in der Schlacht gegen ein Bauernheer aus dem Trøndelag.
1031 Olav II. wird heiliggesprochen, das Christentum setzt sich in Norwegen durch.
um 1050 Die ersten Stabkirchen werden gebaut.
1152 Nidaros, das heutige Trondheim, wird Sitz eines Erzbischofs.
1343 Die Hanse errichtet in Bergen ihr erstes Kontor.
1349 Auf einem englischen Schiff gelangt die Pest nach Norwegen, innerhalb eines Jahres rafft sie die Hälfte der Bevölkerung dahin.
1380 Margarete von Dänemark wird für ihren 10jährigen Sohn Olav Regentin von Norwegen. Nach dessen Tod 1387 wird sie selbst Königin. Das Land gerät in eine Union mit Dänemark, die bis 1814 andauern wird.
1389 Erich von Pommern wird auf Betreiben Margaretes zum König von Norwegen und Dänemark gewählt.
1397 Nach einem Krieg mit Schweden wird Erich von Pommern auch noch zum König von Schweden gekrönt (Kalmarer Union). In Wirklichkeit regiert Margarete alle drei Länder, wobei Dänemark die Führungsrolle hat.
1412 Margarete stirbt in Flensburg.
1537 Olav Engelbrektsson, der letzte katholische Erzbischof von Nidaros, muß in die Niederlande fliehen. Norwegen wird protestantisch.
1588 – 1648 Regierungszeit Christians IV. von Dänemark und Norwegen. Die Städte Kristiansand und Kongsberg werden gegründet, Oslo wird in die Nähe der Festung Akershus verlegt und erhält den Namen Christiania (ab 1877 Kristiania).
1700 – 1721 Nordischer Krieg. 1716 und 1718 marschieren die Schweden in Südnorwegen ein.
1811 Die Universität in Kristiania (heute Oslo) wird gegründet.
1807 – 1814 Napoleonische Kriege auch im Norden. Dänemark-Norwegen verbündet sich mit Napoleon, Schweden stellt sich auf die Seite Großbritanniens.
1814 Im Kieler Frieden muß Dänemark Norwegen an Schweden abtreten. Nun erwacht in Norwegen ein starkes Nationalgefühl. In Eidsvoll beschließt die einberufene Reichsversammlung eine liberale Verfassung, die am 17. Mai verabschiedet wird. Dem dänischen Prinzen Christian Frederik wird die norwegische Krone angetragen, auf Druck Schwedens muß dieser Schritt jedoch wieder zurückgenommen werden. Der schwedische König Karl XIV. Johan wird auch zum norwegischen König ausgerufen. Norwegen geht gezwungenermaßen eine Union mit Schweden ein. Karl Johan erkennt jedoch die Verfassung von Eidsvoll an.
1854 Die erste norwegische Bahnstrecke von Kristiania nach Eidsvoll wird eingeweiht.
1882 Die Auswanderungswelle nach Amerika erreicht mit über 25 000 Menschen ihren Höhepunkt. Zwischen 1840 und 1930 zieht es ca. 800 000 Norweger in die Neue Welt.
1901 Der erste Friedensnobelpreis wird an Henri Dunant und Frédérik Passy verliehen. Ein fünfköpfiges Gremium des norwegischen Parlaments bestimmt seither alljährlich die Preisträger. Die Ehrung findet in Oslo durch den norwegischen König statt.
1905 Nach jahrelangem Tauziehen mit dem schwedischen König verfügt das Storting (Parlament)

per Gesetz, daß Norwegen – bisher in auswärtigen Angelegenheiten von Schweden vertreten – ein eigenes Konsulatswesen aufbauen soll. Als der König seine Zustimmung verweigert, erklärt die Nationalversammlung die Union mit Schweden für aufgelöst. Schweden denkt kurzzeitig an Krieg, lenkt dann aber ein und läßt die Norweger ziehen. Nach über 500 Jahren Fremdbestimmung ist Norwegen wieder ein souveräner Staat. Nach einem Volksentscheid wird der dänische Prinz Carl zum neuen König gewählt. Unter dem Namen Håkon VII. besteigt er den norwegischen Thron.

1905 Der Konzern Norsk Hydro wird gegründet. Dort wird mit Hilfe eines elektrischen Lichtbogenofens aus der Luft Salpeter gewonnen und als Dünger verkauft. An immer mehr Wasserfällen entstehen Kraftwerke zur Erzeugung elektrischer Energie. Später siedeln sich in der Nähe Aluminiumwerke an, die ebenfalls sehr viel Strom benötigen.

1911 Der norwegische Forscher Roald Amundsen erreicht zusammen mit vier Gefährten am 14. Dezember als erster Mensch den Südpol.

1914 – 1918 Im Ersten Weltkrieg bleibt Norwegen neutral.

1920 Norwegen tritt dem Völkerbund bei. Es erhält die Oberhoheit über Spitzbergen zuerkannt.

1930 Spitzenjahr des norwegischen Walfangs. Auf 166 Fangschiffen und 31 schwimmenden Walkochereien stellen 6 000 Beschäftigte Walen auf allen Weltmeeren nach.

1940 Am 9. April landen deutsche Truppen im neutralen Norwegen. Nach schweren Kämpfen im Raum Narvik ziehen sich die den norwegischen Streitkräften zu Hilfe gekommenen englischen, französischen und polnischen Truppen zurück. Die Norweger verlieren bei dieser Operation 860 Mann, die Deutschen 5 300, die Alliierten 4 900. König Håkon VII. und die Regierung fliehen nach England.

1940 – 1945 Deutsche Besatzung in Norwegen. Vidkun Quisling, der Führer der kleinen nationalsozialistischen Partei Norwegens *(Nasjonal Sammling),* wird 1942 von den Deutschen zum Ministerpräsidenten bestimmt, trifft aber beim Volk auf starken Widerstand. Auf breiter Front verweigert man sich Quislings nationalsozialistischen Organisationen, geht aber auch aktiv mit Sabotageakten gegen die deutschen Besatzer vor. Etwa 2 000 Norweger müssen diesen Widerstand an der Heimatfront mit dem Leben bezahlen. Beim Zusammenbruch Deutschlands im Jahr 1945 kapituliert die Wehrmacht auch in Norwegen. Der König und die Regierung kehren zurück, Quisling und 24 weitere Kollaborateure werden hingerichtet, viele andere inhaftiert.

1949 Norwegen tritt der NATO bei.

1952 Olympische Winterspiele in Oslo.

1957 König Håkon VII. stirbt, sein Sohn Olav V. (1903 – 1991) folgt ihm auf den Thron.

1960 Norwegen schließt sich dem Freihandelsbündnis EFTA an.

1966 Erste Probebohrungen nach Öl in der Nordsee.

1969 Mit einer der letzten Ölbohrungen wird man fündig. Norwegen wird zum Ölförderland.

1972 Per Volksentscheid lehnen die Norweger einen von ihrer Regierung bereits ausgehandelten Beitritt des Landes zur EWG ab.

1981 Norwegische Polizei bricht den Widerstand von ca. 900 Samen und Umweltschützern gegen das Wasserkraftwerk bei Alta in der Finnmark. Das samische Selbstbewußtsein erwacht.

1986 Gro Harlem Brundtland, Mitglied der norwegischen Arbeiterpartei, wird als erste Frau der Welt zum ersten Mal Ministerpräsidentin einer demokratisch gewählten Regierung.

1989 Die Samen erhalten ein eigenes Parlament, das *Sameting,* das in Karasjok in der Finnmark tagt, bisher allerdings nur beratende Funktion für das Storting in Oslo hat.

1991 Am 17. Januar stirbt König Olav V. Sein Sohn Harald V. (1937 geboren) wird neuer König.

1993 Norwegen gibt entgegen geltenden Beschlüssen der Internationalen Walfangkommission 130 Zwergwale zum Abschuß frei. Der heutige norwegische Walfang ist auf ein streng reglementiertes Kontingent von Zwergwalen in küstennahen Gewässern beschränkt.

1994 Olympische Winterspiele in Lillehammer.

1994 Bei einer Volksabstimmung am 27. und 28. November entscheiden sich die Norweger abermals mit knapper Mehrheit gegen einen Beitritt zur Europäischen Union.

Ortsregister

Personenregister

Quellen / Literatur / Impressum

Bildnachweis:
Farbfotos: Max Schmid, Winterthur

S/W-Abbildungen:
Archiv Klaus Betz, Prevost: S. 84/85
Bildarchiv Preußischer Kulturbesitz, Berlin: S. 38, 81, 87, 140 unten, 170 oben, 177 links u. rechts
Süddeutscher Verlag Bilderdienst, München: S. 26, 27, 30/31, 36, 40, 53, 55, 106, 107, 172 oben u. unten, 176
Transglobe Agency, Hamburg / Hulton Deutsch Collection: S. 109, 170 unten
Transglobe Agency, Hamburg / Popperfoto: S. 29, 32, 39, 51, 83, 86, 110, 111, 138, 139, 140 oben, 142/143, 171, 173, 174/175, 178/179

Literatur:
Barüske, Heinz: Norwegen, Stuttgart 1986
Byrne, Arvid und Henriksen, Joan: Norwegen mal ganz anders, Oslo 1986
Dörfert, Karsten (Hrsg.): Norwegen – ein Express Reisehandbuch, Leer 1991
Gerhard, Martin: Norwegische Geschichte, Bonn 1963
Glässer, Ewald: Norwegen – DuMont Landschaftsführer, Köln 1991
Kamphausen, Alfred: Norwegen – ein Führer, München 1983
Libæk, Ivar und Stenersen, Øivind: Die Geschichte Norwegens, Oslo 1992
Lindholm, Dan: Stabkirchen in Norwegen, Stuttgart 1968
Mehling, Marianne (Hrsg.): Knaurs Kulturführer Norwegen, München 1989
Norwegen – das offizielle Reisehandbuch, herausgegeben vom Norwegischen Fremdenverkehrsamt (NORTRA), Hamburg 1994
Rubenbauer, Gerd (Hrsg.): Olympische Winterspiele in Lillehammer, 1994, München 1994
Schroth-Jakobsen, Anja: Norwegen – ein Reisebuch, Hamburg 1987

Die Deutsche Bibliothek – CIP-Einheitsaufnahme

Norwegen / Thomas A. Merk ; Max Schmid.
– Sonderausg.. –
Hamburg: Ellert und Richter, 2001
ISBN 3-89234-990-8

Text und Bildlegenden: Thomas A. Merk, München
Gestaltung: Hartmut Brückner, Bremen
Lektorat: Kerstin Schmidt, Hamburg
Lithographie: Lithotec Oltmanns, Hamburg; Lithographische Werkstätten Kiel, Kiel
Satz: C. H. Wäser KG, Bad Segeberg
Druck: Girzig + Gottschalk, Bremen
Bindung: Buchbinderei S. R. Büge, Celle